本成果得到山东省本科教学改革研究项目支持
"四全媒体环境下地方本科高校传媒类专业课'全维课堂'建设研究"
（项目编号：M2020023）

四全媒体环境下
传媒专业"全维课堂"实践

SI QUAN MEITI HUANJING XIA
CHUANMEI ZHUANYE "QUANWEI KETANG" SHIJIAN

杨中举　王淑芹 / 主编
杜一凡　王超冉 / 副主编

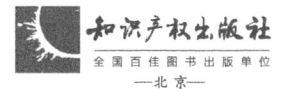

知识产权出版社
全国百佳图书出版单位
—北京—

图书在版编目（CIP）数据

四全媒体环境下传媒专业"全维课堂"实践 / 杨中举，王淑芹主编；杜一凡，王超冉副主编. —北京：知识产权出版社，2023.8
ISBN 978-7-5130-8855-8

Ⅰ. ①四⋯　Ⅱ. ①杨⋯ ②王⋯ ③杜⋯ ④王⋯　Ⅲ. ①传播媒介—教学研究—高等学校　Ⅳ. ①G206.2

中国国家版本馆CIP数据核字（2023）第143289号

内容提要

国家倡导新文科建设以来，临沂大学传媒学院在教学改革方面做过多种尝试。本书是山东省本科教学改革研究项目的成果集，收录了十余篇本科学生的课程作业。学生以论文的形式，记录了他们对社会文化现象的观察和思考，在此过程中锻炼了学术思维，学习了论文写作技巧，是课堂全维度活动的总结，也是"全维课堂"的延伸。

本书适合传媒专业本科学生阅读。

责任编辑：卢媛媛　　　　　　责任印制：孙婷婷

四全媒体环境下传媒专业"全维课堂"实践
SI QUAN MEITI HUANJING XIA CHUANMEI ZHUANYE "QUANWEI KETANG" SHIJIAN

杨中举　王淑芹　主编　　杜一凡　王超冉　副主编

出版发行：知识产权出版社 有限责任公司		网　　址：http://www.ipph.cn	
电　　话：010-82004826		http://www.laichushu.com	
社　　址：北京市海淀区气象路50号院		邮　　编：100081	
责编电话：010-82000860转8597		责编邮箱：luyuanyuan@cnipr.com	
发行电话：010-82000860转8101/8102		发行传真：010-82000893	
印　　刷：北京中献拓方科技发展有限公司		经　　销：新华书店、各大网上书店及相关专业书店	
开　　本：720mm×1000mm　1/16		印　　张：10.5	
版　　次：2023年8月第1版		印　　次：2023年8月第1次印刷	
字　　数：200千字		定　　价：76.00元	

ISBN 978-7-5130-8855-8

出版权专有　侵权必究
如有印装质量问题，本社负责调换。

新文科全媒融合背景下传媒专业课程的"全维课堂"实践

杨中举　王淑芹

国家倡导新文科建设以来,临沂大学传媒学院在教学改革方面做过多种尝试,课题组先后获得临沂大学及山东省本科教学改革研究项目支持,探索课堂教学改革新路子。2018年在初步试验的基础上,由知识产权出版社出版了《逾矩的课堂:跨文化与新媒体传播研究》一书,总结了前期经验,展示了部分教与学的成果;2020年以来,新文科建设已进入新阶段,加上疫情发生的特殊情势,如何进行不受限制的教与学活动尤其重要,为此我们提出了建设"全维课堂"的改革思路,获得了山东省本科教学改革研究项目支持,进行了两年多的改革与试验,取得了一定的经验与效果。

"新文科",不是简单的概念组合,而在于学科理论、理念、思维方式、技术呈现、文理融合跨界混生之新。在此革新背景下,传媒专业学科跨界融合的特征尤其突出,相关课程的课堂教学也因传播技术手段的不断发展而走向了课堂革命的前沿。当下网络技术的发展与全媒体普及应用,人类社会已经进入"全程媒体、全息媒体、全员媒体、全效媒体"为表征的全媒体阶段,各种媒体技术与平台空间都或多或少地引入学校课堂教学,但是大部分引入都处于简单的"课堂+"阶段,无法摆脱传统课堂依赖。这无疑与师生获取知识渠道多样化、广泛性的现实要求脱节,导致课堂教学知识的获得远远落后于全媒体渠道知识的获得。特别是在疫情防控期间,许多地区与学校无法正常上课,给教育教学带来了较大损失和不便。因此,建设一个不受传统课堂模式约束、不受疫情等自然灾害影响、不受时空限制的"全维课堂"尤其迫切。

传媒技术与各类应用平台的发展为课堂教学改革提供了坚实的技术基础，2002—2021年"元宇宙"传播形态从理念设想的提出到实际应用，发展迅速，逐渐在各行业实践推广，前景广阔。"元宇宙"试图打破虚拟现实与客观现实的界限，使两个世界融合，其设想已远远超越媒介融合、互联网、VR虚拟现象、AR增强现实、XR扩展现实、AI智能应用等，形成"多维跨维信息传播新格局"，这必然给我们教育教学带来新的机遇，也给本课题"全维课堂"带来更多的应用维度；当然元宇宙并不是没有基础的空想，而是在现有的5G/6G、大数据、云计算、物联网、人工智能、区块链、数字孪生等技术基础上的进级化处理，达到自然物理世界、人类社会、信息环境、虚拟现实、万物互联等各种层级的大融合，可以自由出入与链接。社会各行业，也可以借此形成各自的"××元宇宙"等行业，从而极大促进发展与变革。

　　"教育元宇宙"也必然得到巨大发展，这为我们建设"全维课堂"提供了广阔空间与无限可能。高等学校传媒类专业担负着培养全媒体人才的重要责任，更有优势利用好这样的变革机遇与技术条件，进行深刻的课堂革命，可以有效建成"全维课堂"。为此，临沂大学传媒学院在《传播学概论》《跨文化传播》《实用文体写作》《Photoshop CC 数字图像设计》《短视频：策划+拍摄+制作+运营》等课程教学中进行课堂教学改革与实践，探索更有效的课堂教学途径，以传统课堂"7W"模式为核心，引入各类新媒介、新方法，形成了以"全媒体"为技术支撑，以学生为核心，以教师为指导，各类应用平台为基础，线上线下、课堂内外、校内校外相融合的"全维课堂"模式，获得了山东省本科教学改革研究项目支持，保障了后续建设工作的开展。这是在前期"全息课堂""逾矩的课堂"基础上的新发展。

　　"7W"传播过程模式中七个核心要素能够很好地构建起传统课堂知识传播的"元宇宙场域"。7W模式又叫布雷多克模式，由美国传播学者布雷多克（Richard Braddock）于1958年提出。他在《"拉斯韦尔公式"的扩展》（*An extension of the "Lasswell Formula"*）中对拉斯韦尔5W模式进行了补充。拉斯韦尔在《传播在社会中的结构与功能》一文中考察了传播的基本过程，并将这概括为一句话："WHO says WHAT in WHICH CHANNEL to WHOM with WHAT EFFECT？"（谁通过什么渠道向谁说了什么有什么效果？）布雷多克认为除拉斯韦尔提出的谁说（Who say）、说什么（say What）、对谁说（to Whom）、通过什么渠道说（in Which channel）、有什么效果（with What effect）五个"W"之外，还有其他许多因素影响传播过程及其效果，特别增加了传播行为的两个方面即传递信息的具体环境（under what circumstances）和传播者发送讯息的目的（for what purpose），构成了著名的7W模式："WHO says WHAT to WHOM under WHAT CIRCUMSTANCES through WHAT MEDIUM for WHAT PURPOSE with WHAT EFFECT？"（谁在什么情况下通过什么媒介带着什么目的向谁讲了什么有什么效果？）

布雷多克模式中的"7W"与课程教学中的各个环节，形成了天然的契合，因为教学活动本身就是典型的知识信息传播活动，这一活动涉及教什么、由谁来教、运用哪些手法在什么环境下教、教谁、目标是什么、教学效果如何评价等，这也恰恰是每位课程教师备课、上课、评课、反思课程要考虑的环节（见表1）。

表1 布雷多克模式中"7W"对应的课堂教学各环节

Say what	Who say	To whom	Under what circumstances	For what purpose	Throngh what medium	With what effect
教什么	谁来教	对谁教	在哪里	为何教	教学媒介	如何评价
教学内容	师资	教学对象	教学环境	教学目标	教学技术发明与方法	教学效果与评价
课程建设研究	教育者研究	学生研究	教学环境建设与研究	课程教学目标与研究	教学媒介与方法研究	教学效果评价研究

这些环节在传统课堂教学模式下，最有效的呈现环境与方式就是实体课堂，但其受时空限制较多。要在线上线下都具体实现这些环节，则需要技术的支持、课程知识的重新组构、教材内容与体例的重新设计、教学时空的扩展、教学资源的电子化存储等，从而连接课堂内外、校园内容、学界业界、线上线下，实现任何时间段、任何地点都可以教与学的全维大课堂目标，过去式的课可以重新补，未来时的课可以提前学。如此，"7W"中两个要素——课堂教学媒介技术与教学环境的重要性更突出，所起的作用更大，这就要求加大技术与数字资源库建设，进一步扩大"7W"的范围与效用，为课堂拓展更大空间。

临沂大学教改课题组把先进技术方法与传统"7W"核心要素有机关联，以新媒体技术为依托，以现代全媒体应用与实践为支撑，确立了以学生为核心，以教师为指导，以新媒体技术与平台为基础，线上线下、课堂内外、校内校外融合，构建"全程、全息、全员、全效"媒体为核心的"全维课堂"思路，进而实现课堂教学的全面改革。具体说来就是以运用"全程媒体"建设课堂教学全程记录、追踪与考核体系，把握教和学的总过程与效果；运用"全息媒体"多样化技术和应用平台，立体化呈现课堂知识与课堂环境；借鉴"全员媒体"条件，培育师生全媒体使用与互动能力，人人都是媒体，人人都用媒体，全员参与课堂活动；以"全效媒体"思想理念，对课堂效果进行分类、精准评价，评价教师教、学生学等效果，全面建设无边界、全维度课堂。其中传播媒介技术成为支柱性的因素，改变了"7W"模式直线运行的形态，构建了知识传播与接收的全维度时空形态。

根据这一思路，课题组具体抓住全维课堂综合体、课程资源知识单元包、四全媒体课堂技术呈现、课堂运行与评价等环节，形成全维大课堂基本构架，主要做法如下。

（1）教与学手段的"全媒体化"，形成全维课堂综合体。课题组以"全媒体+微传播"，打破传统课堂边界，校内外结合，构建"全维课堂"知识传、受综合体。"全维课堂"要求学生携带便携媒体工具，随时可以上网查对资料或知识点；以微信群、QQ群、学习通、钉钉、雨课堂等进行信息交流与互换，以微博、微信号关注新闻传播学类相关主题公众号；充分发挥传统的报刊、书籍、影视、广播等媒体特点优势；链接课堂内外、线上线下、校内外、传媒业界等。这些措施打破了课堂时空界限，形成了全维度知识传播环境，从每一个媒介手段看，似乎过于凌乱，而从全员媒体角度看，这些手段又是当下师生传播与接受知识已经无法绕开的渠道，对众多微媒体与平台的应用，已经成为师生基本的媒介素养，因而实现"全媒体"化就不是空想设计，而是具有直接现实可操作性的策略。

（2）分解课程知识体系，筛选知识单元，建立"微课"课程资源包，运用各类网络云平台手段形成全维资源库，供师生随机链接使用，增强学生学习的体验感、自主性与参与意识。具体做法是借鉴微课堂、慕课，分解课程教学内容，把每门课、每章节、每堂课的知识信息单元找出，形成多个细小知识包，每个或几个知识包视频生成二维码扫描进入模式；围绕一个或多个知识信息单元，形成知识谱系；处理局部知识信息包与整体系统信息的关系，使学生举一反三，围绕一个知识点而训练多个知识点或多项技能；形成新闻传播学各课程或专业整体知识信息系统，强化信息的高度关联性，通过局部把握整体。这一分解与整合体现了辩证唯物主义部分与整体、个人与集体的辩证思想。

比如，《Photoshop CC 数字图像设计》《短视频：策划+拍摄+制作+运营》等课程采用纸质教材和"人邮教育社区"云平台数字化教学资源服务的线上线下教材结构，创建基于智能手机、数字化终端的互联网课堂。纸质教材，呈现教学核心内容；云平台，提供微课、案例分析、教学实践、技术标准与要求等数字化教学资源，师生可通过扫描教材上的二维码与云平台链接，增强了查询、应用等知识互动与学习体验。最主要的是，如果不能实现线下学习，学生可以通过扫一扫教材上的二维码进入课程云平台，开始课程学习，没有纸质教材也不要紧，只要扫描同学或老师远程分享的图片中二维码，同样可以进入虚拟课堂学习，这对于解决疫情等自然灾害期间的教学问题起到了重要作用。

（3）校内校外联合，建设融媒体训练中心，培育师生"四全"媒体技能。课题组充分利用校内技能型师资，开设相关新媒体、全媒体技能课程，学习各种 App 软件与学习平台运用方法，使师生掌握"四全"媒体的各类应用程序、应用平台，公众号文件与短视频创作与制作等，把微型知识包运用新媒体手段进行包装，融入课程知识体系；校内与业界、学校与学校联合，打造先进的融媒体训练中心，满足特殊媒介传播技能培训要求；组成不同技能小组，小组之间相互帮助相互学习，培育双师型、一职多能型师资，培养实用技能型传媒人才。

融媒体训练中心的建立，构成了报刊采编、新媒体运营、文案创意、新媒体电商为一体的训练体系。报刊采编主要联合临沂报业集团全媒体中心，学生承接企业各类活动专刊、特刊及企业文化宣传内刊，提高新闻采编能力；新媒体运营主要代为开展企业内部微信公众号、微博、抖音、快手等平台托管业务，锻炼新媒体的采编发布、运行；文案创意主要提供企业产品、文化活动等创意文案服务；新媒体电商主要承接企业产品新媒体宣传与营销服务。这为提高学生新闻传播实务能力提供了高效的教学实践资源，为培养应用型传媒人才起到重要作用。

（4）探索并建立"全维课堂"评价指标（见表2）与方式，全方位监控课堂活动、全维度传播知识、全过程评价师生。主要有两种方式：一种是全员、全程教与学评价——全效媒体强调新媒体功能与效果的多样化、全面化，据此可以对课堂效果进行分类、精准评价，评价教师教、学生学的效果；具体操作可以通过全媒体平台、全维课堂空间留下的各种数据进行统计分析，最后合成总评价，避免一种或几种评价要素带来的偏差；全维课堂运用这些记录的数据则可以实现全维度评价。另一种是学习产出成果、项目参与式评价——根据项目参与式设计，学生参与教师项目研究，师生合作进行专业问题探究、实务操作，如课堂研讨与项目参与相结合，学生自主选题自主研究的成果《逾矩的课堂：跨文化与新媒体传播研究》由知识产权出版社出版，增加了学生的成就感、参与感、获得感，激发了更强的学习积极性。

表 2 全维课堂效果评价参考指标

教师评价			学生评价		
评价指标	评价方式	占比（%）	评价指标	评价方式	占比（%）
四全媒体应用技能	线上线下记录	10	四全媒体技术学习	线上线下记录	10
校内外平台使用	平台自动记录	10	校内外平台参与	平台自动记录	10
知识传播效果	新旧知识融合	30	知识学习效果	考查或考试	30
教研能力	教学成果+项目	30	实践应用能力	产出成果+参与项目	30
教学综合素质	学生+督导+同行	20	成才综合素质	创新创业+学业导师	20

"全维课堂"建设实践成效明显，很大程度上改变了"7W"模式，课堂形态发生巨变，基本建立起了全媒体、全方位、全过程、全员、全时空（课内外、校内外、线下线上等）协同授课系统，以"知识包+全媒体+微传播+校内外"等要素构建以"全维课堂"知识传授与获取综合体系，通过全息媒体的全员应用，延展教学时空，分解教学内容，推行项目式、分享式、模拟式的教与学，由师生协同合作完成相关知识模块的传授、讨论、研究，进而引导学生独立完成相关新闻作品、影视作品、广告作品等，培养学生创新思维能力。具体成效如下。

建构了"全维课堂"育人新格局。借鉴 OBE 理念，实施"学校与业界联合培养一体化、校内校外师资一体化、教师教学与产学研一体化、课程教学知识传授与能力培养一体化、学生课内学习与课外实践一体化、理论考核与技能考核一体化"六项措施，构建了全维立体的课堂运营与育人新模式。

创新了学生自主学习模式。网络及各类新媒体的重要功能是分享，各类App与平台都有分享功能，微博、微信等分享功能已经生活化、平民化，全维课堂就是把线上分享与线下分享、课内分享与课外课下分享结合起来，形成知识信息大聚合、思想大讨论、观点大碰撞，这些方式锻炼了学生，增加了学生参与课堂讨论、课下探究的积极性，教学效果较好。

完善了融媒体训练中心，模拟全真媒体环境，拓展、创新学生实习实践渠道。如承包承办社区报（《柳青苑社区报》等）、《新闻评论报》《传媒新视界》等传统纸媒，锻炼学生纸媒的采、写、编、排、印等具体能力；扶持学生开办校级、学院级、年级、班级及个人微媒体平台，增加其新媒体全方位运营经验；根据专业特点与课程特点，成立模拟的影视剧组、剧社、播音团体、广告公司等。

解决了传统课堂中的部分矛盾问题。如微课化与整体化的矛盾，"知识单元"与"知识体系"脱节等问题得到解决，也解决了"知识授受"与"职业能力"融合问题，提高了师生媒介应用和知识获取的能力；运行与评估"全维课堂"实践，以学习产出成果评价为主（OBE），解决了"成果评价"与"施教评价"脱离问题，使评价更客观。

重构了课程体系，完善了教材，优化了课堂教学内容。比如，严格落实马克思主义理论研究和建设工程（以下简称"马工程"）教材选用要求，只要是国家有统一的马工程教材，各专业一律全部采用，以保证教材的权威性，同时结合地方院校服务区域传媒人才培养的需要，与新闻媒体、传媒企业联合编写网络化、实践性较强的新形态教材，把实体纸本教材与电子虚拟教材相结合，以扩大知识承载空间，从而为"全维课堂"拓展空间，为各种条件与环境中的师生提供教学服务。

本书是根据山东省本科教学改革研究项目计划而编辑的成果集。根据上述改革思路，我们在课堂内外试行了一些新办法，师生互动，共同思考与研究问题，把课堂设置为知识传授、知识消化、现实探究、适应应用等环节，以实践为支点，强化师生合作、生生合作、学生独立思考、学界业界联合等能力，每一个同学都完成了自己的研究任务，同时结成对子，检查查验批判、修改他人的成果，在个体与集体良好的互动关系中获取知识、应用知识；每个同学还就自己的学研进行了经验总结。最后结集出版这本书，也邀请部分同学参与编辑文稿，延伸了课堂教学。相信随着"教育元宇宙"加持,我们的教育教学活动就可以在各种现实与虚拟的场景中自由切换了。

当然这些问题的思考只是同学们初步站在专业视角进行的浅层思考,他们关注现实,关心国家民族命运,不忘历史,写出了自己的观点。

●参考文献

[1] BRADDOCK R. An Extension of the "Lasswell Formula" [J]. Communications on Pure & Applied Mathematics, 1964(5): 88-93.

[2] 刘振天. 推进高校课堂革命实现高质量发展 [J]. 中国高等教育, 2021(1): 39-40.

[3] 王国芳. 大学生线上与线下学习适应比较研究 [J]. 枣庄学院学报, 2021(6): 99-105.

[4] 童兵, 费雯俪. 打造新时代的"四全媒体"——努力践行习近平关于媒体融合发展重要论述 [J]. 新闻与传播评论, 2020(4): 5-11.

[5] 寇晓燕. "四全媒体"框架下高校信息素养培育 [J]. 教育评论, 2020(2): 56-60.

[6] 方提, 尹韵公. 习近平的"四全媒体"论探析 [J]. 马克思主义研究, 2019(10): 116-121.

[7] 王彦敏. 基于精心课堂教学设计的大学"金课"建设 [J]. 枣庄学院学报, 2020(4): 124-130.

[8] 杨中举. 逾矩的课堂:新媒体与跨文化传播研究 [M]. 北京:知识产权出版社, 2018.

[9] 杜霞, 李婷婷. 地方高校数字环境下地图学课程教学改革的实证研究 [J]. 枣庄学院学报, 2011(5): 89-92.

[10] 赵光怀, 马文霞. 中国梦话语建构与传播研究 [M]. 北京:九州出版社, 2021.

目录

第一部分 全维协作：教学相长共同发展

"锦鲤热"：商造"网红"与网民聚集行为的文化动因
　　　　杨中举　杜一凡　周文函 ———— 003
人类编辑文化的演变及微信族的"泛在编辑"行为
　　　　杨中举　陶怡然 ———— 014
网络文学商业化对文学性消长的影响
　　　　杨中举　王嘉莹 ———— 024

第二部分 全维审思：脚踏实地显担当

新形势下我国零售业面临的挑战与对策　包亚科 ———— 043
电影发行放映模式及观影方式的改变及其影响　李利 ———— 049
社区服务的智能化与人性化　张赛 ———— 054
在线教育模式对大学生学习的影响　高新宇 ———— 061
新形势下短视频平台的"危"与"机"　乔文雪 ———— 070
粉丝经济的发展趋势及多元影响　薛嘉欣 ———— 077
对"直播+电商"商品销售模式的分析研究　张毓琴 ———— 086
"泛娱乐化时代"青少年偶像观的变化及其影响　郑梦婷 ———— 095
培育中医药文化自信　马荣荣 ———— 102
网络音频平台广播剧的发展现状分析——以猫耳FM为例
　　　　韩晓蕾 ———— 111

目录

第三部分　全维课堂中的行业考察与分析

扬州题材诗词与城市形象传播研究　陈晓慧 ———— 125

电商"网红"的兴衰周期性及应对策略　吕蕙芝 ———— 133

元宇宙的传播特点及在教育领域的应用场景研究　林月杰 ———— 140

向更深更广的智能新媒体教学世界前行（代后记）　杨中举

| 第一部分 |

全维协作：教学相长共同发展

在这一部分，师生共同合作，就新兴的传播现象进行讨论、互动、共同确立选题，通过社会调查、网络调查、班级讨论、学研小组讨论、经典论文格式模仿等环节，使学生学会发现问题、认识问题、思考问题、探讨问题、解决问题；学会一般文科论文写作的基础知识。

新闻传播学相关专业需要学生对社会各种现象与问题进行思考，用专业知识进行传播，走出传统课堂，到多维度形成的大课堂中去探讨相关问题，从而开阔学生与社会对接的渠道。

"锦鲤热":商造"网红"与网民聚集行为的文化动因

杨中举 杜一凡 周文函[*]

【摘要】 商造"网红"及引发的网民聚集行为具有深层的文化原因。本文以"锦鲤热"现象为例,分析了其产生聚集行为的内在文化动因:中国传统文化中的鲤文化原型与图腾,为"锦鲤热"提供了文化原动力;网络数字化传播为造就"锦鲤热"神话提供了技术支撑;文化和技术合力激发了网民的狂欢精神,把传者与受者带到了群体集合式环境,使群体欲望得以宣泄。

【关键词】 商造网红;聚集行为;文化动因;锦鲤热

近年来,商造"网红"现象越来越多,吸引了大量商家、受众参与,成为消费时代重要的网络文化景观。比如,2018年支付宝发起的"祝你成为中国锦鲤"活动、2020年初部分"网红"与平台联合推红的"拉面哥现象"等。商家的运作为何取得成功、网民为何总是趋之若鹜是值得探讨的传播现象,在此以"锦鲤热"为例进行简析。

2018年9月29日,支付宝微博推出"祝你成为中国锦鲤"活动,从国庆节期间参与转发的用户中随机抽出1位获奖者,作为"中国锦鲤"享受"全球免单大礼包",内容包括旅游免单、鞋包服饰等各类衣食住行项目。此后引爆全国各行业"寻找锦鲤"热潮。本来是支付宝进行的一次国庆节宣传促销活动,却在短时间内发酵成一个震动全社会、各行业的聚集传播现象,成为网络传播

---

[*] 作者杜一凡、周文函系临沂大学传媒学院新闻系学生。

神话。从内在动因上看，它已不单是一个普通营销传播活动，而是涉及人类文化、技术、心理、行为、思想精神等因素的网络文化景观。

一、鲤鱼文化原型与图腾："锦鲤热"发酵的原动力

从源头看，"锦鲤热"的原动力是中国原始的图腾崇拜，或者说中国文化中的"鲤文化"原型与图腾崇拜为这次传播热赋予了原始动力。文化人类学者对古代先民原始神话、传说、图腾崇拜等研究表明，文化（神话）原型大都是人类具象思想、诗性思维的结果，是人类认识世界、认识自己和世界万物生息变化现象的思维模式，在后世的传承与发展中具有文化再生的强大力量。从词源学上看，希腊词"原初"（arkho）和"模型"（typos）构成"原型"（archotype）一词，意指万事万物的原初模型。在柏拉图那里是万物的原型"理式"，是"影子的影子"，是"床之所以为床"的原型，宗教信仰中体现为神的意志；维柯（Giovanni Battista Vico）在《新科学》中总结出人类原型思维模式的共同性——"诗性思维"，他认为诗性思维与神话不可分，反映了人类对自然、社会、经济、天文、物理、地理等各个方面朴素的解释，也孕育着后世各种新科学、新艺术的创造基因，所以维柯得出结论："一切古代世俗史都起源于神话"。[1] 19世纪人类学家爱德华·泰勒（Edward Burnett Tylor）认为："在现代文明的氛围中，民族学家最终会发现，研究古典神话的价值，不在于神话本身的内容，而在于其样式，或者说，主要在于为其形成时代的思想提供文物鉴定似的依据。"[2] 弗雷泽（James George Frazer）在《金枝》中从神话、传说、图腾、禁忌与习俗等文化原型中发掘人类文化之根，揭示了这些原型的活力，认为图腾反映了一个民族的信仰与社会结构："在属于同一个部落图腾下的所有男人和妇人都深信自己系源自相同的祖先并且具有共同的血缘，他们之间由于一种共同的义务和对图腾的共同信仰而紧密地结合在一起。因此，图腾观不但是一种宗教信仰，同时也是一种社会结构。"[3] 心理学家荣格（Carl Gustav Jung）将"原型"视为人类"集体无意识"（collective unconscious）的核心，激发人类艺术创造灵感："每当这一神话的情景再出现之际，总伴随有特别的情感强度，就好像我们心中以前从未发过声响的琴弦被拨动，或者有如我们从未察觉到的力量顿然勃发。"[4] "原型批评"理论创始人诺思洛普·弗莱（Northrop Frye）认为："神

话是一种传播性的核心力量，它使仪式具有原型的意义，变神谕成为原型叙述。因此，神话就是原型。"[5]文化哲学创始人恩斯特·卡西尔（Ernst Cassirer）在代表性著作《神话思维》中同样认为神话原型是人类文化产生与发展的中心："一旦我们考虑到文化生存的基本形式起源于神话意识，神话在这个整体中及对这个整体的重要意义就显而易见了。这些形式都不是始于独立的存在，也没有明确规定自己的原则，相反，在发轫之时，它们每一个都掩映于某种神话形式。几乎没有任何客观精神的领域不能被证明曾经有过这种与神话的融合、具体的统一。"[6]结构主义人类学家列维·斯特劳斯（Claude Levi-Strauss）则认为图腾、神话传说等原型文化都体现着人类的心灵基本结构，是理解人类心灵结构的重要窗口和途径。

这些理论成果为我们理解、分析"锦鲤热"现象找到了文化原型。中国人对鲤鱼的崇拜历史悠久，形成了含义丰富的鲤鱼原型图腾崇拜，与龙凤崇拜、生肖属相等文化习俗一样承载着中国人对自然、生命奥秘的朴素解释与探索，深刻影响了中国人的思维、行为、风俗习惯，在某种程度上改变了社会关系与结构。颜色鲜艳的锦鲤更是被人们当作财神、福神、吉祥物供奉收藏，带上了原始宗教的意味。鲤鱼作为生物物种源于中国，蛮荒时代作为一种食物哺育了华夏民族，同时它又是繁殖能力很强的一种水中生物，中国原始初民赋予了它吉祥、生殖等含义，如体现生殖意义的有西安半坡出土的鱼纹彩陶、辽宁阜新县胡头沟墓葬出土的绿松石鱼形坠、浙江余杭反山墓葬出土的白玉鱼等。古代人对鱼的图腾崇拜经历了"由性而神、由神而瑞、由瑞而俗"三个阶段后，"已渗入中国传统文化基因，在不知不觉中影响着中国人的思维和行为模式，成为我们生活中习以为常的一部分。"[7]闻一多在《说鱼》中认为：鲤鱼生殖力强，以其外形和多籽特征成为古代崇拜物之一，与人类生殖、配偶有关，并逐渐形成丰富的鲤鱼图腾崇拜。[8]上古时期，鱼作为吉祥物，除指一般意义的鱼，常特指鲤鱼，与生殖意义相关。人们还把鲤鱼与美好的爱情联系在一起，《诗经·陈风·衡门》云："衡门之下，可以栖迟。泌之洋洋，可以乐饥。岂其食鱼，必河之鲂？岂其娶妻，必齐之姜？岂其食鱼，必河之鲤？岂其娶妻，必宋之子？"[9]因此人们将鲤鱼与婚姻相联系，常以"鱼水合欢"祝福姻缘美满。人们还把鲤鱼作为国家强大、国运祥瑞的吉祥物看待，如《史记·周本记》上记载"周王朝有鸟、鱼有瑞"。[10]这种祥瑞之气也与日常生活息息相关，据《太平御览》卷九三五引《风俗通》记载：孔子的夫人产男婴，正逢有人送几尾鲤鱼，孔子"嘉以为瑞"，为子取名鲤，表字伯鱼。[11]民间更有把鲤鱼与龙图腾紧密联系的习俗，《三秦记》有"鲤鱼跳龙门"的神话[12]，记录了鲤鱼经过磨难而化为龙的过程，比喻人努力而获得回报与好运的理想。另外宋人陆佃的《埤雅·释鱼》[13]，清人李元的《蠕范·物体》[14]也记录了大自然中鲤鱼跳龙门的现象。鲤鱼崇拜还与人类修道成仙、高升、高就等愿望与理想密切联系，形成了许多传说，如子英、琴高乘鲤成仙高升的传说[15]，在民间流传甚广。

中国文化中这些鲤鱼崇拜实据，以及在民间习俗中流行的各类尊崇鲤鱼的神话传说、仪式活动、服饰符号、节日庆典鱼龙舞、鲤鱼年画等，都证明了鲤鱼作为文化图腾原型，已经潜移默化地渗透到中国人的文化血脉中，深刻影响了中国人的文化心理结构，成为一种原始的精神符号，"我国先民们这种对鱼的喜爱、崇拜，在此后几千年的岁月里演绎成了延续至今的具有多种含义的鱼的传说、民俗，形成了以鲤鱼为表象的民俗符号。"[16]作为一种文化原型，它也成为中国民间朴素信仰的体现，并通过鲤鱼崇拜，调节着中国的人际关系、社会结构，过节、答谢、定亲、请客等日常活动送鲤鱼、吃鲤鱼，表示"礼"到、"礼"多，也体现了中国人注重礼仪之传统，"鲤鱼跳龙门""鲤鱼翻身"等意象也反映着中国人对时来运转的执着与希冀。同时，在中国古代，鲤鱼还是信息传播的重要载体，"鱼传尺素"的方式使得鲤鱼从外形到内涵都成了古代书信、信使的象征。[17]这种传播功能也很好地被"寻找锦鲤"活动充分利用，取得了较好的传播效果。鲤鱼从自然平淡的水中生物，发展为具有丰富社会文化内涵的图腾，表现出极强的文化原型力量，这种力量不仅体现在上述社会生活领域，也体现在各类艺术创作领域，正是鲤鱼丰富的文化内涵与原始力量，吸引了无数文人、画家创作出了无数以鲤鱼为题材的作品。而在这次"寻找锦鲤"事件中，也正是这些内涵与力量和寻找锦鲤的广告供销传播行为偶然相遇，激发了其文化原型活力，进而引发了各级各类"寻找锦鲤"的热潮。

二、魔弹效应：技术文化的迷思（Myth）

大众传媒对受众的影响显而易见，有关大众传播效果的研究经历了超强效果、有限效果、适应效果、强大效果、谈判效果等范式的发展与转换。这些研究对大众传播信息传播效果的演变做了理性分析，引导人们正确面对大众传播、使用大众传播进行更好的信息传与受，进而更好地进行社会文化信息生产与传播。但是理论研究只能就大众传播的实践进行指导，不能完全决定大众传播效果时而强大、时而弱小、又时而超强的客观存在，很多情况下魔弹般的效果不期而至。在经典案例广播剧《火星人入侵地球》中，美国、德国大选举时期舆论雪崩式的反应，日本大地震后引发的抢盐风波，汶川地震时期的救援信息传播，禽流感时的舆论引导，还有这次的全民"寻找锦鲤"热潮等众多传播事例中，这种超强效果都有所体现。其特点是信息传播快速、人们接受快，受众着迷般地被信息控制，长期或短时失去的理性判断，以非理性的思想、态度或行为参与其中，这种效果的实现与传播技术的进步密切相关，大众传播技术为其建构了效果实现的舆论传播场地，技术参与创造了这种神话（迷思，Myth）。如果没有微信、微博等网络微传播技术的方便快捷也就没有"锦鲤热"事件的出现。

  我们不持技术决定论，但是绝不能否定技术的作用，传播技术作为人类文化的重要组成部分，为人类交往提供了方便。网络数字传播时代，各种微传播技术平台的推出，深度地改变了人类传播方式，也对人类的思想与行为产生了巨大影响。从大众传播技术带来的魔弹论效果看，这种影响无论是正面的还是消极的，都显示着技术文化"双刃剑"的功用。一方面人们发明、使用、控制这些技术为人类服务；另一方面人类又反过来被这些技术支配着，甚至要忍受它带来的伤害。网络等新传播技术也是如此，对人产生正负双向影响。既有"网瘾""手机瘾"等受技术控制的异化问题，也有大大释放人类能力，产生巨大的政治、经济、文化价值等作用。在技术的制约下，人类由发明者，变成了发明物的奴隶，由操作者变成了被操作者，在深受其利的同时，也会不时地受其伤害，形成了一些变异的文化结果。马克思站在解放全人类这样一个理想目标上研究人类社会的发展与进步，他在肯定技术给资本社会带来变革的同时，也指出了它异化的一面：技术把人类从繁重的劳动下解放出来，同时也给人戴上另外的枷锁；海德格尔（Martin Heidegger）对技术的解蔽、除昧作用持肯定态度："谁建造一个房子或一只船，或锻造一个银盘，他就在各个方面揭示着那种待产出的作品！这种技术首先在于规定船和房子的外观，并通过将完成的作品展示出来，并由此来决定制作方式……认识给出启发，具有启发作用的认识乃是一种解蔽。"[18]技术确实为人类认识世界、解释世界甚至改造世界提供了众多手段，但他也看到了人类被搁置到自己发明的技术座架下的不自由，人们要使技术作用于对象，就是人们被迫向自然——或者说向劳动对象提出要求："在现代技术中起支配作用的解蔽乃是一种促逼，此种促逼向自然提出蛮横要求，要求自然提供本身能够被开采和贮藏的能量。"[19]在海德格尔看来，此时人不是技术的支配者，而是在认识世界解释世界的解蔽过程中被技术"逼使""摆置"，结果是"那种促逼把人聚集于订造之中"。[20]人不是技术的支配者，而是技术座架下被动的行动者，在技术座架下世界被构筑，人失去了自由不能自主、不能认识自我，与自我不能"照面"，当然就被裹挟而去。

"寻找锦鲤热"是在大众传媒、网络传播技术构成的技术媒介环境中产生的，信息的发布者很好地运用了这一环境。受众被传播技术的方便快捷所挟持，被技术构建起来的繁荣场景所迷惑，就如失去方向的一只锦鲤游进技术编织的大网，成为一个被传播、被消费的对象。以法兰克福学派观点看，传媒技术的发展构筑了现代工业社会的"文化工业"，它带给人们的是更多的负面影响，马尔库塞（Herbert Marcuse）、阿多诺（Theodor Wiesengrund Adorno）、哈贝马斯（Jürgen Habermas）等为代表的学派人物对其持批判态度，他们认为文化工业是具有商业性、欺骗性、强迫性、控制性和异化作用的。当下传播"锦鲤热"信息的传媒技术是典型的大众文化，其机器复制的特性、商品性、消费化、欺骗性更加强大。

"寻找锦鲤"活动中受众的非理性参与行为是大众传播社会麻醉功能的具体表现，大众传播的信息产品使受众失去了自主性。媒介控制了人、工具控制了人，人失去了批判思维与自主能力。所以受众跟发转发时大都是毫不犹豫的。在技术与传播媒介的控制下，人们的行为出现异化，法兰克福学派对此也进行了分析批判，媒介成为意识形态，正如技术也成为意识形态一样："媒介之所以会成为意识形态，法兰克福学派认为主要是因为媒介具有操纵性，即媒介对人的操纵和控制功能。他们认为，在发达工业社会，大众媒介已经具有了操纵和控制人的意识的魔力。"[21]"寻找锦鲤"事件的当事人（传播者与受众）主观上也许都认为自己是有理性的，自认为不会被控制，但他们只要运用网络、微信、微博工具，进行信息的生产、传播、接受、转发等参与性活动，就已陷入了技术之网，思想被控制，如机器人一样去转发。短短几天支付宝300万的转发量成了大众网络消费神话的最好注脚，而为这个神话迷思插上翅膀的正是技术这把"双刃剑"。

三、迷醉的商家与受众：酒神精神的狂欢

从表象看，"锦鲤热"现象反映了作为传播者商家急于成功的情绪，商家巧妙的操作、节日时段选择、充满煽动与诱惑的手段、鲤鱼文化原型符号的运用、图文并茂的文本、网络微博微信传播空间的精准发布成功造就了一次信息传播核爆，应当说活动策划的先行者们是成功的，在商界与传播界引起了足够的冲击波；对于受众来说他们首先从信息形式上对寻找中国锦鲤活动充满兴趣，进而激发了参与冲动，很多人都明白被抽中的概率就和中彩票一样很小，但还是乐此不疲转发，体现出大众网络传播时代群体受众的侥幸心理、暴富心理、娱乐消遣需求、投机心理。而从社会文化心理上看，"锦鲤热"体现了个人与群体心理深层对自由、狂欢、释放的本能冲动与需要，是大众传播游戏娱乐功能的内在需求与显在表现。传播者群体、受众群体在节日期间都义无反顾地投入传播、转发、再传播、再转发的狂欢之中，形成了网络传播空间的大集合，仅支付宝的一条信息发布6小时转发量突破100万，抽奖结束时达300多万，阅读量2亿多人次。尽管节日之后大量虚假、诈骗信息被揭露，但是寻找锦鲤的各种活动余热不断，相关文本仍然大量出现。新浪舆情通统计，2018年10月17日17点至2018年10月18日14点，21小时内有关"寻找锦鲤"关键词的搜索统计表明，全球共有346 481条相关信息，主要分布在微博（344 551条）、微信（944条）、客户端（497条）、网站（167）四类传播平台。受众关注度仍然很强，晚高峰突破180点。随着时间的推移锦鲤热潮一定过去，但是作为信息传播的方式它不会过时，它会累加到网络传播的历史过程中，也会继续满足群体自由表达的要求。

媒介的功能是多维的，在这次"寻找锦鲤热"中呈现较突出的大众传播功能无疑是游戏娱乐功能、麻醉功能，在广告传播与消费的经济行为表象后，众多商家与受众的人性欲望得到巨大释放，大都以非理性的姿态加入群体狂欢中。从人类文化学视角看这种功能释放是人类原始酒神精神在网络空间的狂欢复活。酒神精神源于古希腊对酒神的崇拜、庆祝丰收的狂欢节，后来不少理论家把各民族原初都有的庆祝节统称为狂欢节，把其中释放的人类自由、奔放的非理性

沉醉、迷狂状态都归结为希腊式的酒神精神。文艺理论家巴赫金（Bakhtin）以此为原型构建了文学上的"狂欢诗学"理论，他认为狂欢节最主要的形式是狂欢式，包括全民参与性、化装变形表演的仪式性、人与人之间的亲近性（消除了距离感）、言语行为的对话性、插科打诨的释放性、活动场所的开放性等。[22] 而人类文学艺术对此节日与仪式特性的艺术化过程，就是文艺生产与创造的狂欢化过程。这一理论虽然主要用于文学批评，但是在网络文化空间中恰恰形成了与巴赫金狂欢理论相吻合的全民性、娱乐性、自由开放性、对话性效果。"寻找锦鲤热"正是体现了赛博空间中的众声喧哗状态，只要愿意人人可以参与文本的创作、发布、转发，在虚拟的空间里展开一对一、一对多、多对一、多对多的广泛对话与交流。不过对话的场所由巴赫金的广场、田野、贫民区转到门槛极低的网络世界及各类平台，网民足不出户就可以参与、享受狂欢的盛宴。此景与巴赫金对狂欢节的描述很相似："在狂欢节上，人们不是袖手旁观，而是生活在其中，而且所有的人都生活在其中，因为从观念上说，它是全民的。在狂欢节进行当中除了狂欢节的生活以外，谁也没有另一种生活。人们无从躲避它……狂欢节具有宇宙的性质，这是整个世界的一种特殊状态，这是人人参与的世界的再生和更新，就其观念和本质而言这就是狂欢节，其本质是所有参加者都能活生生地感觉到的。"[23] "寻找锦鲤"活动发布的国庆节期间，举国欢庆，旅行、休闲娱乐、逛街购物、聚会团圆等活动形成了浓厚的节日气氛，与古代狂欢节精神相契合。寻找锦鲤的信息发布者以国庆节为契机，运用生动的数字文本拉近了与受众的距离，受众运用扫码关注参与、朋友圈转发、跟帖留言等进行对话互动，相互拉近了距离："狂欢化消除了任何的封闭性，消除了相互间的轻蔑，把遥远的东西拉近，使分离的东西聚合。"[24]

网络空间形成了力量强大的群体感染，导致快速的群体集合行为。疯狂增长的转发量、不断涌现的"寻找××锦鲤"信息文本正是这种原始酒神精神的网络再现，理性告诉人们成为锦鲤的可能性为零，而非理性又幻想自己会成为那个唯一的幸运儿，而文本信息发布者明明知道只有一名中奖者，但是他们也痴迷地投入再造神话的热潮中，在原始精神冲动下，以网络为媒，相互传播发财之梦、相互感染迷狂的情绪、相互模仿复制，信息急速膨胀、人群极速聚合，最后汇集成网络空间的大狂欢。

四、结语:商造"网红"的幸与不幸

  支付宝"寻找中国锦鲤"活动是2018年具有标志性的广告营销案例,也是该年度重要的传播热点事件,对商家的营销策划产生了一定的影响,对传播业界也有重要的启示。信息传播要有天时地利人和,也要打造企业品牌,更多地赋予文化内在动力。"寻找中国锦鲤"传播事件的成功有效激活了潜藏在中国人集体无意识中的文化原型因子,使古老的鲤鱼文化图腾在众多人心中复活升腾,对活动产生强烈的认同感、亲切感,进而积极参与其中;这种文化原型动力又借助网络数字技术的力量,给文本阅读与转发传递活动插上了翅膀,增加了快速、互动、自由、释放的体验感,把传者与受者带到了酒神狂欢节式的群体传播环境,形成了全民性、娱乐性、自由开放性、对话性并在的传播场域,一定程度上满足或释放了人的本能欲望。尽管最后获得实质性满足的只有一个幸运儿,大多数人只能处于期望获得满足的梦想与癫狂错觉里,但人们还是义无反顾、充满希冀地去参与,因为那是一种心理与精神的享受与满足,是金钱与物质不能替代的文化力量,具有特有的文化魅力。

  但我们在这种繁华热闹的背后也要看到危机与挑战。信息转发与分享是网络新媒体传播的基本功能,在微博微信等平台上得到充分展现,吸引受众转发抽奖信息形成病毒式传播效果是各个商家都能想到、都可以用的手法,但却不是所有商家都能成功。何况同样的模式与套路用久了,人们都会产生审美疲劳。等热度过去,尘埃落定,大多数商家、受众必然会产生失落失望情绪;在这狂欢之后,由各行业众多商家掀起的"寻找锦鲤"活动会在少数人身上形成投机、侥幸的心理常态。例如2020年的"拉面哥",在各大平台、商家商业行为的打造与消费下,成为拥有几百万粉丝的"网红",但是半年后也回归平常。商造"网红"红得快,退得也快,似乎成为一个不幸的循环怪圈。

  可见,从长远计,商家们营销传播的成功还得练内功、攒实力,全面聚集提升企业的经济实力、技术实力、文化软实力,打造过硬品牌,才能创造一个又一个传播的奇迹。受众参与造"网红"运动,成为消费"网红"符号的一员,同时也要保持一定的理性思考,才不至于迷失自我。

● 参考文献

[1] 维柯. 新科学 [M]. 朱光潜, 译. 北京: 人民文学出版社, 1986: 405.

[2] 爱德华·泰勒. 原始文化 [M]. 连树声, 译. 桂林: 广西师范大学出版社, 2005.

[3] 弗洛伊德. 图腾与禁忌 [M]. 杨庸一, 译. 北京: 中国民间文艺出版社, 1986: 133-134.

[4] 荣格. 荣格文集 [M]. 冯川, 苏克, 译. 北京: 改革出版社, 1997: 226-227.

[5] 诺思洛普·弗莱. 诺思洛普·弗莱文论选集 [M]. 中国社会科学出版社, 1998: 89.

[6] 恩斯特·卡西尔. 神话思维 [M]. 黄龙宝, 周振选, 译. 北京: 中国社会科学出版社, 1992: 5.

[7] 宁波, 刘顺. 中国古代鱼文化的隐喻意象与历史演化 [J]. 中国渔业经济, 2017（4）: 94.

[8] 闻一多. 闻一多全集（第一卷）[M]. 北京: 生活·读书·新知三联书店, 1982: 135.

[9] 周振甫. 诗经译注 [M]. 北京: 中华书局, 2016.

[10] 司马迁. 史记 [M]. 北京: 中华书局, 1959.

[11] 李昉, 等. 太平御览 [M]. 上海: 上海古籍出版社, 2008.

[12] 李昉, 等. 太平广记 [M]. 上海: 上海古籍出版社, 1995: 436.

[13] 陆佃. 埤雅 [M]. 王敏红, 校. 杭州: 浙江大学出版社, 2008.

[14] 李元. 蠕范 [M]. 北京: 商务印书馆, 1937.

[15] 刘向. 列仙传 [M]. 北京: 中华书局, 1985: 47-48.

[16] 聂济冬. 有关鲤鱼的民俗及成因 [J]. 民俗研究, 1997（3）: 57.

[17] 童勉之. 鲤与中华文化 [J]. 武汉教育学院学报, 1994（2）: 87.

[18] 马丁·海德格尔. 海德格尔选集（下卷）[M]. 孙周兴, 译. 上海: 上海三联书店, 1996: 931.

[19]马丁·海德格尔. 演讲与论文集[C]. 孙周兴,译. 北京:生活·读书·新知三联书店,2005:12-13.

[20]马丁·海德格尔. 演讲与论文集[C]. 孙周兴,译. 北京:生活·读书·新知三联书店,2005:17.

[21]邵培仁,李梁. 媒介即意识形态——论法兰克福学派的媒介控制思想[J]. 浙江大学学报,2001(1):106.

[22]夏忠宪. 巴赫金的狂欢化诗学理论[J]. 北京师范大学学报,1994(5):75-76.

[23]巴赫金. 拉伯雷研究·巴赫金全集(第6卷)[M]. 李兆林,夏忠宪,等译. 石家庄:河北教育出版社,1998:8.

[24]巴赫金. 陀思妥耶夫斯基诗学问题·巴赫金全集(第5卷)[M]. 白春仁,顾亚铃,等译. 石家庄:河北教育出版社,1998:177.

人类编辑文化的演变及微信族的"泛在编辑"行为

杨中举　陶怡然*

【摘要】人类编辑行为经历了一个"泛在编辑"、专业编辑到重返"泛在编辑"的历史文化演变过程。从文化人类学的视角看，人类文明初期的泛在编辑行为，是人类对自然事物、社会事务、历史文化等有序秩序的追求，是人类对规范的社会生活、政治秩序、道德伦理、历史文化传承等的需要。文字、纸张、印刷术等媒介陆续发明后，出现了专门的书报编辑职业、行业；近现代社会分工与传播技术的工业化，使编辑出版行业发展成一门独立的专业、学科；互联网与微信传播技术的广泛运用，使"微信族"快速形成，人人都成为微信信息的生产、创造、编辑、传播、消费的主体，微信传播改变了人们的物质和精神文化行为方式，各类微信族都成为显在或潜在的"泛在编辑"一族；这种重返"泛在编辑"形态不是人类编辑行为的原始回归，而是人类编辑文化史上编辑行为因素、技术因素、审美经验因素等的叠加、累加与发展，是人类文化从必然王国向自由王国迈进的重要表征。

【关键词】泛在编辑行为；微信族；微信编辑；表征

一、从"泛在编辑"到专业编辑

文化人类学考察人类文化的两个基本视角是人类文化产生、发展的历史与

---

* 作者陶怡然系临沂大学传媒学院新闻系学生。

地域种族（民族）问题。以此为视角思考人类编辑行为的历史与现状，能为我们深入理解人类编辑行为提供重要的文化坐标。从这个坐标上看，人类的编辑需要、编辑行为、编辑职业、编辑技术等是人类文化的高级形态，也是人类进行文化有效管理、有效传播的重要手段。

人类自从进化到有意识、有思想以来，就开始对自然事物与社会事务进行分门别类整理的原始编辑行为，这是一个从本能到自发、自觉、自律、自理的历史过程，也是人类追求有序理想生活的需要，如结绳记事、以丝或植物藤索束缚事物、神话故事的讲述顺序等都带有原始编辑特点，可以说原始部落时代，人人都是自己生产与劳动生活的"编辑"者。此时编辑行为出现在任何生活领域，是一种泛在编辑行为，还不包括后世书籍或抽象知识信息的编纂整理。中国古代编辑行为与技巧较发达："孔子之后，诸子蜂起，百家争鸣，读书藏书之风日渐浓厚。齐鲁之地的藏书家们，日益重视对图书的整理工作。他们不仅注重校雠学方面的研究，同时也致力于书籍目录的编纂。前面已述，孔子在整理六经时，以序卦的形式彰显了其编排的顺序性及逻辑性，对六经进行了目录编排。"[1]

从汉语文字的起源也可以得到充足的证明：东汉许慎《说文解字》谓"编，次简也"[2]，意思是按次序整理竹简；段玉裁注："以丝次第竹简和排列之曰编"[3]，作顺序排列之意，从糸，扁声；魏人张揖《广雅·释器》中说"编，绦也"[4]，可理解为名词条绳或动词用条编理；东汉班固《汉书》载孔子读《易》曰"韦编三绝"[5]，编也是"穿联竹简之皮条或绳子"之意；梁代顾野王《玉篇·糸部》中谓"编，连也"，意指连接，又谓"编，织也"，或曰"收集也"[6]。可见"编"字泛指人类对许多事物的串联与归类行为，使之便携、有序。

"辑"字原初也是指人类物质生产活动过程中，把许多同类或不同类的东西收拾归拢到车上、整理在一起的意思。《说文解字》中释"辑"谓"车和辑也"，段玉裁注："辑，车舆也……辑众材而为之，故为之舆"[7]，意思是把各种材料集以一定的结构顺序合起来，可以造车，可以载物。南宋文人戴侗《六书故·工事三》中说"辑"指"合材为车，咸相得谓之辑。"[8]意思也是造车、把许多东西收集在车上之意。后来演变到社会政治、文化领域，辑的意义扩大，如《尔雅·释诂上》曰"辑，和也"[9]、左丘明《国语·周语上》曰"和协辑睦，於是乎兴"[10]，是指人群的聚集团结之意，具有催生社会和谐兴盛的功能；又有明代张自烈撰《正字通·车部》曰"辑,睦也"[11],也指和谐和睦之意。颜师古解释说"辑,谓安定也"[12]。可见,"辑"在古代的词义,是整理、收集、编改,最后使之符合规矩、次序、取用方便,最后达到和谐安定之目的。

所以,在中国文明发展的早期,人们的编辑行为涉及社会生活的方方面面,每人都可能是自己生活的编排人、社会物质的整理人、社会秩序的管理者,从这个意义上讲是一种泛在编辑行为。它可使事物与事务从无序到有序,从不完善到完善,从缺失到完整,为生活有秩和社会有序提供了一定的保障。

文字产生后在社会政治、经济、军事、文化等多领域发挥了重要传播功能,"编"与"辑"逐渐有了书籍与文化信息整理、编辑、规范之意。宋代范晔《后汉书·艺文志》曰"门人相与辑而论篹,故谓之《论语》"[13],隋唐人颜师古《汉书注》释说"辑与集同"[14],这里记述了孔子弟子编辑老师言行的史实。同时,文字出现后书写成册的载体也需要编、削、串理,这就出现了原始书籍的编辑整理问题,安阳出土的殷墟甲骨上已有"册"和"典"字。"册"字"皆象以丝绳或皮革贯穿龟甲或简牍为一束之形","典"字"则象以两手捧册之形,有典藏管理之义"[15]。这表明殷商时代甲骨等信息载体及相关文字信息都已经有了系统的编排,殷墟的全年甲骨卜辞,按日月之先后编排。《周易》为代表的文献已经有完美的结构次序,表明夏商周时期的国家法典、占卜文、公文等已经具备了比较完整的编辑行为体系。

帛书、竹简、木版书等媒介载体出现后,编辑行为越来越普遍和重要,出现了类似编辑职业的人士,如统治者设置的皇家史官、地方史官、文案人员等,都承担着准编辑工作。周代的史官已有了太史、内史、左史、右史等复杂的分工,而春秋战国时期的《尚书》《国语》《左传》等文献及大量百家争鸣的诸子散文,都需要史官、作者、文人、游学者等人的创作、编辑整理与传播。春秋时代是思想文化大繁荣时代,更是文献编辑大发展的时代,孔子等人对《诗经》的编辑整理也具备了现代意义上编辑的含义,《诗经》305篇中风、雅、颂,赋、比、兴的严整分类编排,已经把"编辑"的实用性、创造性、审美性等结合起来,对后世文学、文化典籍的编纂产生了深远的影响。也正是这种编辑的艺术分类方法,使《诗经》在流传的过程中极其方便,在其经典化的过程中起到了重要作用。

秦汉时期,汉字日益成熟并逐渐简化,自此中国文明史上的编辑文化日益积厚。董仲舒、刘向、司马迁、班固等史家或政治家都整理、辑录了大量文献，如董仲舒创作或编辑了《春秋繁露》，司马迁撰写编著了《史记》，刘向编辑了《别录》《楚辞》《山海经》，班固编辑了《汉书》《白虎通义》等。不过此时期纸张还没有出现，书籍文献的编辑整理工作仍然非常繁重，既是体力活，又是智力劳动，"编"与"辑"仍然作为两种重要文化劳动工序而分开。公元105年前后，东汉蔡伦造纸成功，一改中国书籍的形态，文化信息的创造、传抄规模与速度大增，"编"与"辑"的工作变得方便易行，"编、辑"二字终合为一词。南北朝时期文学、文化繁荣，洛阳纸贵等文化事件出现，说明纸张给人类信息传播交流、编辑等工作带来了方便，北齐魏收《魏书·李琰之》（551—554年间编）中说李琰之"前后再任史职，无所编辑"[16]，这是目前已知较早把"编辑"合用的文献；又唐代李延寿《南史·刘苞》（659年）载刘苞"少好学，能属文，家有旧书，例皆残蠹，手自编辑，筐篋盈满"[17]，都记录了专业的编辑史实。其后隋唐刊书业、校勘业泛泛，特别是毕昇发明活字印刷术后，宋元明清的官方编纂机构、民间书坊等编辑业兴旺发达，编撰、编纂、编修、修撰、著作、印刷、设计、美编、文编、整理与保存等编辑文化丰富多彩。[18]一直到近现代报刊业的兴起，职业的、专业的，官方的、民间的编辑出版事业，形成了一部厚重的"中国编辑文化史"[19]。

总之，编辑文化从起源及功能上看，最初是人类对物质世界、自然界的生活安排，即物理或物质层面的编排、整理行为；发展到精神文化层面后，人类编辑行为更多的是满足社会生活的需要、社会政治秩序的需要、社会道德伦理的需要、社会和谐安定的需要、历史文化传承的需要等；至近现代社会分工与文化信息传播技术的大发展之后，编辑出版行业得以独立，编辑也由此成为一种职业，成为一门学科、一个审美与创造的领域。

二、微信传播：重返"泛在编辑"

随着微博、微信、微视频等自媒体的产生与盛行，信息生产、管理、编辑、传播等技术日益智能化、即时化，又对传统专业化、职业化、学科化的编辑出版提出了挑战。特别是微信的普及，改变了人们的生活方式、传播交流方式、学习方式，甚至从某种程度上改变了人们的经济行为模式。个人微信号、个人公众号、企业公众号、政府公众号等把个人与集体、部分与整体既联结起来，又分离开来；在微信传播的世界里，人们可以阅读学习、聚会集合、研讨问题；可以从商经商、订购支付、搞活经济、就业谋生；可以实现衣食住行、休闲娱乐、旅行穿越等愉快生活；在微信为代表的微媒体传播世界里，传统媒体功能基本上可以实现微信化传播，传播者通过公众号的运营，在遵循知识产权法前提下，可以图文并茂地把一份报纸、一本杂志或书籍实现微信版本的转化……这些无孔不入的变化，模糊了传受双方的身份界限，人人都是传播者、生产者、消费者、把关者、编辑人，似乎重新返回了"泛在编辑"时代。

腾讯"企鹅智酷"通过调查与大数据分析做的《2021微信用户&生态研究报告》表明，最新的微信用户已达12亿人，月活跃用户也达到8.89亿人，微信传播环境生态发生了全面的改变。[20]从人类人际关系看，微信改变了人类社交行为方式，随时随地可以建立的微信群，形成了以技术与应用软件为载体的"微信族群"，线下朋友变成线上朋友，线上朋友转化为线下朋友，线下线上结合，又形成了现实社会与微信空间的混合微信族群，现实熟人社会转变成线上熟人社会，而微信传播形成的人际环境、商业环境、工作环境、信息生产、创作、传播及其转发分享传播，又扩大了新的朋友圈及微信族群，松散的好友或"泛好友"越来越多。而每一个微信用户都串联或并联了其他更多的朋友圈，形成了更多的微信族群，族群之间既有界线，也有交叉。在微信传播的世界里，美国心理学家米尔格伦提出的"六度空间"理论（也称"六度分隔"，Six Degrees of Separation）认为：一个人和任何一个陌生人之间所间隔的人不会超过六个，也就是说，最多通过六个人你就能够认识任何一个陌生人。在理论与技术层面上，微信传播完全可以实现认识任何一个人的假说，而在现实中人的精力与能力上看则难以实现，从宽泛意义上说，中国的10亿微信用户就是一个巨大的微信族群，在这个大族群里，每一个人好像又回到了人类文明初期一样，整理、编辑自己的物质生活、经济行为、信息传播行为和精神生活。

从微信传播技术对人类生活影响上看，微信已经成为现代中国人生活的重要组成部分，比其他国家更加突出，用户多，接受容纳度强，发展快。从城市到乡村，从大型超市到小摊商店，微信支付司空见惯，从老人到青年人，微信生活已构成中国人生活中的重要场景。由此，编辑、传播发布信息、二度或多次编辑传播信息成为每个用户的基本生活常态，如微信朋友圈成为人们重要的社交场所、私人发表心情与生活工作状态的空间、相互点赞与分享新闻等信息的场地、各类文体或图片创作与传播的场域，在这个过程中人们或原生态创作，或利用各种软件编辑图文作品，都存在着编辑行为。

而个人公众号、企事业公众号、政府公众号及各类 App 的推出，也使传统媒体编辑进入微信媒体编辑的行列，而运营各公众号的个人或企事业、政府工作人员，均属于编辑之列。公众号的运营需要强化微信编辑与传统编辑的融合，对编辑提出了更加专业化、职业化、学科化的要求，出现了"小编"群体。合格的"小编"必须具备传统编辑的职业素养，也要掌握微信等微媒体传播技术，信息掌握快、编辑快、评论快、推出快才能提高时效，原创性、生动性、准确性、独特性强才能保障点开、点赞率，更要掌握声乐图文的编辑软件和审美能力。而在各个企事业单位、国家机关、组织机构等都会临时邀请建立或长期建立微信工作交流群，群信息的发布与管理，群成员之间的信息交流同样需要信息编辑运行能力。

总之，个人微信号的使用、各类公众号的运营、传统媒体与新兴媒体的整合融合，使每个微信传播的参与者都成为显在或潜在的编辑，很大程度上"微信一族"就是编辑一族。在技术的帮助下，人类走到麦克卢汉所说的"返部落化时代"——地球村时代，而这个重新部落化的时代，人类物质生活、精神文化生活两大领域内几乎所有的因素都信息化、代码化了，人们每天都在码字、编文、发文，每天都在读写转发分享信息，编辑行为重新泛在化。这种重新泛在化不是人类编辑行为的原始回归，而是人类编辑文化史上编辑行为因素、技术因素、审美经验因素等的叠加、累加，也是人类文化从自然王国向自由王国迈进过程中面对的重要课题。

三、微信"泛在编辑"的双向文化后果

微信时代泛在编辑既有其正向的文化结果，也产生了负面的文化后果。微信已是当下中国人常见的一种生活方式、学习方式、工作方式、经济方式、传播方式，换言之，通信技术的发展使微信改变了当下中国人的存在方式。这决定了微信用户及公众号管理者的编辑行为也成为一种常态的生活与工作方式。全民传播、全族群编辑成为可能或必然趋势。这是人类认识世界、认识自我，

摆脱自然控制、社会控制、自我惰性的体现，是人类发展自我、完善自我，实现自由地掌控世界、掌握自我、创造历史与文化的主体能力的体现，是人类成为自然、社会、自身主人的过程性努力，必然凝结出丰富的人类劳动文化成果。微信泛在编辑一族则是这一过程的亲历者、实践者，他们体验到了创造者的快乐和自由传播的力量，也经受了技术这把"双刃剑"带来的苦恼与困惑。

首先，信息生产、编辑、发布传播权力的自由程度大幅提升，是微信技术带给微信编辑一族最突出的文化创造体验，也体现了技术文化赋能作用。与传统编辑行为相较，微信编辑参与创作、创造的成分更多，信息创作与发布的主导权利更大，即编即发自由程度高。过去的专业编辑以他人创作成果的审核、编辑、整理为主，要充分尊重原作及原作者，一般不进行大的修改，充当一般性文字、标点、语法、格式、思想倾向等方面的"把关人"，编辑成果所带来的结果反馈周期较长，自由体验感较低。而微信编辑往往是信息的原创人，更多参与信息的创造性活动中，特别是原创性微信公众号和充当意见领袖的个人微信号，其编辑行为更是一种创作行为，他们不仅要创作文字，还要加上图片、动画、视频、音频、解说等新媒体传播要素，这就要求微信编辑一族兼有作者、编者、传播者、技术操作者、音美编辑者、影视剪辑者、配音人等多重角色。比如，订阅公众号"人民网·夜读"栏目、"二十四节气"专栏、"新华网·静夜思"栏目等，有图、有文、有情、有感，有配音、配乐、配视频，具有很强的吸睛、吸粉力，传播效果极佳。从这个角度看，微信编辑更需要复合型的人才。当然这并不排除一则微信作品可以由不同分工的人员共同完成，但从经济节约和发展趋势看，一职多能的微信复合型编辑是必然趋势，个人微信号的运营更需要这一复合能力。而这种复合性要求、原创性体验，带给编辑们更加自由、更加成功的精神享受。他们即编即发，随时和受众互动，享受转发量、点开率、点赞量、打赏收获等带来的喜悦感与成就感，这是一种即时回报的自由与快乐。这与人类文明早期生产劳动取得成功的快乐、自由在本质上是相同的，标志着人类向自由理想状态迈进的重要一步。

其次，微信泛在编辑主、客观上都催生了人们掌握知识、生产知识、传播知识、消费知识信息的能力。这是人类文化生产与再生产呈现螺旋式上升的必然要求。互联网带来了数字化时代第一次知识信息的大爆炸，微信传播涌起了第二次知识信息大潮。微信用户多，分布广，各行业、各层级、各学科领域都形成了微信信息生产与传播个体、群体，人类知识与社会分类分工有多细，相应的微信号与传播圈就有多少。正如网络搜索能找到用户所需要的各类信息一样，微信环境中也可以找到受众所需要的分类信息。传受双方巨大的市场需要，使男女老少、各行各业的人参与微信传播，这客观上激发全民用微信、学微信、编辑微信、运营微信的热潮，进而使知识的生产速度、生产量，传播速度与传播量，消费速度与消费量大增长。虽然存在雷同抄袭与重复转发问题，但这并不影响知识信息创造总量的增加。在这样参与度极高的微信编辑活动中，"微信一族"的阅读量、信息交流量相应增加，其各方面的技能也会相应得到锻炼和提高。

再次，微信泛在编辑体现了个性自由发展与群体化存在的统一。人类观察世界、认识世界总是以自我为中心向外辐射，"我是谁"是人类个性化追求与发展的哲学追问，也是个性自由的出发点，从这个意义上看，追求个性和自我表现是人类的内在精神和心理诉求。马克思主义认为人类奋斗的最终目标就是要实现人的自由而全面的发展。为了实现人的个性自由发展，人类创造了许多技术手段试图摆脱对他人的依赖、对自然的依赖、对物质的依赖，向自由王国进军。以微信为代表的新媒体技术是人类个性化自由表达的重要工具，是实现其言论自由、思想自由、交往自由的重要渠道，也是人类从形式到内容上展现个性自由的场所，具体表现为自由写作、自由转发、修改转发、摘要转发、强调自己感兴趣的部分、删除或忽略自身不认可的内容等，在表现形式上总是特立独行，凭借自己的意志，任性地使用自己喜欢的文字、图片、色彩、视频等信息构件，自由地选择加入或退出某种微信族群等；也正是这种个性化追求，形成了有特色的微信产品而大量"圈粉"，进而极大满足其自我表现欲望，以信息环境构建了一个现实的自我，在这个层面上他们是自由的。然而这种自由不能是绝对抽象的自由，它又必须通过社会交往和社会实践来实现。马克思认为人是一切社会关系的总和，人的个性化自由不可能脱离社会关系来实现，人类是典型的社会群居动物，群体社会、族群社会是人们自我价值实现的场所。"微信一族"把自我展现得再完美，也要通过微信传播空间传播出去，在他人的阅读中、交流中实现其个性化、自由化。而衡量其成功与否的关键性指标就是社会群体对他（她）的认可度，具体表现为阅读量、粉丝数量、打开率等。因而个性化自由不能无视群体要求。这就要求微信泛在编辑一族，充分研究所在的社会群体、微信受众群体，分层、分众、分内容、分行业、分地域、分类进行精准的信息生产、编辑、传播、投放，才能把个性化、自由化的创造性劳动成果与社会群体成员充分共享，实现个性自由发展与社会群体存在的有机统一。

最后，微信族群及其泛在编辑族，以微信技术平台和各种小程序软件，以群体的力量促进了微信经济产业、文化信息产业的发展，使传统的物质文明与精神文明两个领域的部分要素结合到微信传播环境中，使"微信经济"和互联网经济一样成为人类经济行为、文化行为的重要组成部分。从这个意义上讲，"微信编辑族"既是经济硬实力的推动者，也是文化软实力的建设者。

不可回避，微信传播环境中也产生了一些不好的编辑行为现象，导致了不良文化后果。断章取义的剪辑、拼贴行为产生大量碎片化信息，损害了信息的完整性、准确性；不良微信用户制造、传播虚假信息和不健康信息，影响社会安定和思想健康；抄袭剽窃他人信息产品，危害他人知识产权和原创积极性；信息雷同及僵死信息占据了微信资源，影响了受众的有效阅读消费；逻辑混乱、不遵守语言规范、不合乎文化规范的信息泛滥等。对此，应当加强微信传播生态治理，维护人类信息生活环境。内部要加强泛在微信编辑族的媒介素养、文化素养、技术素养、道德素养，特别是要结合传统编辑文化的构建成果，打造良好的微信编辑环境，形成健康的编辑心理与人格，规范编辑行为准则，完善微信编辑美学与编辑思想，提升编辑技能；外部要加强微信传播与编辑制度建设，从而更好地规范微信族群。"微信十条"（《即时通信工具公众信息服务发展管理暂行规定》）、《互联网群组信息服务管理规定》等就是很好的制度规范。

● **参考文献**

[1] 刘霞. 山东图书馆学史研究[M]. 北京：新华出版社，2020：93.

[2] 许慎，徐铉. 校说文解字[M]. 北京：中华书局，2013.

[3][6] 段玉裁. 说文解字注[M]. 北京：中华书局，2013.

[4] 王念孙. 广雅疏证[M]. 南京：凤凰出版社，2000.

[5] 班固. 汉书[M]. 北京：中华书局，2007.

[7] 顾野王. 大广益会玉篇[M]. 北京：中华书局，1987.

[8] 戴侗. 六书故[M]. 北京：中华书局，2012.

[9] 佚名. 尔雅[M]. 北京：中华书局，2016.

[10] 左丘明. 国语[M]. 长沙：岳麓书社，2015.

[11] 张自烈. 正字通[M]. 北京：中国工人出版社，1996.

[12] 罗竹风. 汉语大词典[M]. 北京：汉语大词典出版社，1993：138.

[13] 范晔. 后汉书[M]. 北京：中华书局，2000.

[14] 罗竹风. 汉语大词典[M]. 北京：汉语大词典出版社，1993：16.

[15] 姚名达. 中国目录学史·溯源篇[M]. 上海：上海书店，1984.

[16] 魏收. 魏书[M]. 北京：中华书局，1974.

[17] 李延寿. 南史[M]. 北京：中华书局，2016.

[18] 刘光裕. 编辑史研究的几个问题[J]. 编辑之友，1989（1）：21-23.

[19] 肖东发. 中国编辑出版史[M]. 沈阳：辽海出版社，2006.

[20] 腾讯智酷. 2021 微信用户＆生态研究报告[EB/OL].（2021-10-12）[2021-11-13].http://www.sohu.com/a/138987943_483389.

网络文学商业化对文学性消长的影响

杨中举　王嘉莹*

【摘要】网络文学无疑是文学史上最具商业化特征的文学，以网络媒介技术为支撑、以资本运作为驱动力的网络文学IP产业链模式已经形成。网络文学IP产业链给文学创作、传播、消费与改编带来了巨大变革，以网络文学为产业链源头，通过版权转让、平台流量与订阅分享等资本运作，将文学改编为影视、游戏、漫画、网络剧等艺术形态，获得了更大的商业利益，这些形态反过来又扩大了网络文学的影响，增强了网络文学的商品消费功能，激发了网络文学创作者的积极性，如此循环反复，文学之文学性受到了空前的影响。本文认为网络文学商业化对文学性既有冲击与消解作用，也有发展与增补作用，形成了此消彼长的辩证状态，也极大地改变了文学生产创作、流通传播、审美娱乐的方式；传统文学与网络文学从业者、读者与研究者的要务不是分出谁高谁低，而是把握网络文学性消长的规律与表现，客观看待网络文学商业化问题，形成多维调适机制，以发展繁荣文学事业及相关产业链。

【关键词】网络文学；商业化；文学性；IP产业链

一、缘起

网络文学经过25年的发展（1996—2021），已经成为中国当代文学的重要

---

* 作者王嘉莹系临沂大学传媒学院新闻系学生。

组成部分，成为广大读者特别是年轻人最重要的审美消费对象，这已是不争的事实。但是有关网络文学商业化对文学性消长影响的争论仍然持续，归纳起来主要有三种倾向。

一是比较客观地分析网络文学商业化对传统文学性的消解作用。认为网络文学对传统文学起到了冲击与消解作用，降低了传统文学性：网络文学所依凭的后现代主义文化逻辑，导致传统诗性的价值消解。其表现是网络化、资本化、消费化的欲望写作替代了诗性深度的膜拜价值；网络作者对诗学信念的技术化演绎如游艺化、超媒体、超文本、链接修辞等，造成了对宏大叙事的能指飘浮和审美逻各斯的消弭；网络作品对文学书写的淡化和对图像感觉的强化，抽空了艺术审美体验的心智基础。[1]网络写作颠覆了价值原点的崇高与经典；误导写作者放弃主体承担，淡忘应有的文学责任；资本权力追逐利润最大化的功利导向，可能消弭文学本该有的人文品格，造成文学的"非文学性"。网络文学对价值取向的自逆式消解是今日媒介文化的表征。[2]以娱乐为突出特点的网络文学"爽文学观"对传统精英"寓教于乐"文学观的冲击，使其被"历史化""他者化"[3]。这些观点在指明网络文学对文学性影响的同时，并不是否定网络文学自身应有的价值，而是寻求文学的变革与发展。

二是悲观主义倾向。2005 年 11 月不少批评家、作家聚集北京，围绕"网络文学与传统文学谁更持久"展开了一场讨论，会上网络作家慕容雪村认为"文学死亡指日可待"[4]。2009 年诗人叶匡政更是两次把"文学死亡"归因到"网络"。[5]直到 2021 年，网络文学已蔚为大观的背景下，还有学人认为网络文学商业化是文学的没落："戴着商业运作镣铐的网络文学正在逐渐沦为大众娱乐的优伶，失却'经国之大业，不朽之盛事'的根骨。网络文学并非文学的复兴，它折射出的恰是当代文学精神层面的没落。"[6]对这种过于悲观的消亡论，文艺理论家杜书瀛先生早在 2006 年就电子媒介技术对文学的影响给出过客观的结论："不管图像怎么冲击，电子媒介怎么冲击，但是文学还是会存在。文学不死的一个最有力的根据是，事实上它仍然健康地活着。"[7]

三是持乐观肯定态度。作家葛红兵认为网络文学增加了文学性表现的空间与形式，网络文学超文本重构了读者的阅读空间，将其带入更广阔的领域。[8]网络文学传播不只是改变了人类的生活方式，它可能正在或已经在更深层次改变着人类的感觉、思维、表达甚至是想象的习惯与方式。不仅改变了诗歌或者说文学的传播方式，可能也在改变着诗歌写作者自身及其写作的方式与形态。[9] 网络文学及商业化运作在传播渠道、传播技术、表现方式、语言形态、创作手段、审美元素、评论手段等方面，对文学发展产生了巨大的推动作用，丰富和发展了传统文学的某些特性，也创生了一些新的文学性，如增加了文学的自由性、娱乐性、狂欢性、快捷性、多样性、先锋性、互动性、即时性、互文性等。

无论是消解说、消亡说还是增长说都是具有价值的探讨，对深化认识传统文学与网络文学有其应有的作用。而这些不同观点所揭示的矛盾状态却是问题核心所在：网络文学商业化对文学性既有冲击与消解作用，也有发展与增补作用，既有消也有长，形成此消彼长的既背离又互补的辩证状态——在某些方面网络文学降解了传统文学的文学性，而在另一些方面它又助长了文学的"新"文学性；同时也极大地改变了文学生产创作、流通传播、审美消费的方式。对此，传统文学与网络文学从业者的要务不是要分出谁高谁低，而是要把握网络文学性消长的规律与表现，客观看待网络文学商业化问题，形成多维调适机制，以发展繁荣文学事业及相关产业链。只有这样，才有助于正确看待"文学死亡论"，更多地集中思考与服务文学的未来。

二、网络文学的商业化进程

毫无疑问，网络文学的商业化特征比任何传统文学都更加突出，它不仅可以走下网络进行印刷传播以实现其经济效益，更可以凭借网络在线阅读、订购、追更、听书等传播形态以获得报酬，还可以依靠文学 IP 产业链运作经营产生更大的经济效益，形成"网络文学新业态"。[10] 正是这一商业化特征，深刻影响了文学的文学性，也在某些方面决定了网络文学发展的趋势。

文学触网后的兴衰变化清晰地呈现网络文学商业化的轨迹。1996 年，BBS 应用平台兴起，为网络文学提供了初步繁荣的空间，出现了一些知名的文学网站，主要有榕树下、天涯论坛、新浪读书、红袖添香、金庸客栈、清韵书院、龙的天空等，培育了百万计的网络写手，成长出一批知名作家如李寻欢、安妮宝贝等，此时文学只是借鉴了网络新媒体而获得了传播广度，作家们通过网络获得了知名度，汇集"粉丝"人气，再到线下出版获得收入。这种模式只是传播方式的改变，无法摆脱对传统文学出版发行经营模式的依赖，很快就有一批网站经营不下去，或售卖或转型。但是这一阶段也证明了网络技术对文学传播具有很大的广告效应，初步显现了巨大的商业价值。

网络文学商业化传播营销模式始于 2002 年，读写网率先以手机短信费的形式进行付费阅读，开始商业运作。2003 年起点中文网依靠网络技术，运用 VIP 制度成功实现收费阅读，这是较为成熟的商业化模式；之后，网络文学运营一步步走上了"大鱼吃小鱼"式的商业化资本并购运作模式，2004—2009 年，盛大文学先后收购起点中文网、欢乐传媒、榕树下等文学网站，完全把网络文学推向市场化；2015 年腾讯又收购了盛大文学，与腾讯文学合并成著名的"阅文集团"，汇集了近 600 万网络作家，规模之大让传统文学望尘莫及。在此期间，文学的线上销售与变现模式已经成熟，摆脱了对传统出版的依赖。

与此同时，智能化手机技术的发展与普及使中国进入了一个真正的移动阅读时代，进一步加强了网络文学商业化的深度与广度。各类移动终端使读者、作者、运营者摆脱了 PC 机的束缚，使文学从生产到销售至反馈整个运营链条活起来，加之各种功能多样化的阅读 App 上线，文学插上了无数技术的翅膀，构建了一个文学产业狂欢的空间。微信读书、腾讯读书、咪咕阅读、掌阅、阅文、中文在线、沃阅读、天翼阅读等，几乎有影响的网络公司都开发了订阅功能侧重不一的文学 App。截至 2018 年 12 月，中国在线阅读 App 共有 256 个，日均活跃用户集中在一些比较知名的阅读平台如掌阅等（见表 1）。[11]

表 1　主要阅读平台日均活跃用户

主要 App 平台	2018 年 12 月日均活跃用户数 / 万人
掌阅	2,044.4
QQ 阅读	1,662.6
连尚免费读书	503.5
咪咕阅读	496.7
搜狗阅读	320.5
追书神器	235.2
微信读书	154.8
多看阅读	120.1

数据来源：头豹研究院《2019 年中国在线阅读 App 行业概览》。

2018年，中国在线阅读App用户规模已超过4亿人，人均单日阅读时长由2014年33.8分钟上升至2018年84.9分钟。据第47次《中国互联网络发展状况统计报告》，2020年12月，中国即时通信、网络视频及短视频占据了用户使用应用App时长前三位，占比分别为14.8%，13.9%和11.0%。网络文学互联网应用用户达4.6亿，应用App使用时长排名第7位，占比为7.2%。[12] 可见，网络文学已经占据了数字文化产业市场的中心地位（见表2）。

表2 2020年网络App应用时长占比统计

App类型	应用时长占比/%
网络直播	4.5
网络游戏	4.7
网络新闻	4.8
社交	5.1
网络文学	7.2
网络音乐	8.9
网络音频	9.0
短视频	11.0
网络视频	13.9
即时通信	14.8
其他	16.1

数据来源：中国互联网信息中心，2020。

网络文学消费市场激发了网络文学创作者热情，培育了一大批网络文学从业者。自2013年起，作者连年快速增长，至2019年达929万多人。这与付费阅读、各种改编与文学形态转换带来的巨大商业利益关系密切。在巨大的资本驱动下，文学作品（产品）数量连连增加，2013年为810.1万部，至2019年增加到2594万部（见表3）。[13]

表3 2013—2019年中国网络文学作者数量年度统计

年份	作者总数/万人	年作品数/万部
2013年	423.7	810.1
2014年	474.1	970.3
2015年	532.4	1168.0
2016年	600.5	1413.0
2017年	782.0	1647.0
2018年	862.0	2442.0
2019年	929.0	2594.0

数据来源：头豹研究院《2021年中国网络文学行业概览》。

网络文学IP产业链的形成是网络文学商业化模式成熟的标志。这一产业链把网络文学与网络剧、电影、电视剧、戏剧表演等交叉融合起来，形成了以网络文学为基础，以各类技术与表演形态为载体的产业链。如阅文集团平台IP全产业链，将线上作品通过作者和平台授权，分给线下完成传统出版发行，同时改编成电影、电视剧、网络游戏、漫画等，形成多渠道传播、多元经营与收入模式，反过来，它们又合力激活了网络文学这个源头，使其进一步繁荣。从总体的IP产业分布看，网络文学IP业占据了第一名，无论数量还是质量都稳居前列，阅文集团、中文在线、掌阅科技、起点中文、晋江文学等线上文学是重要的IP来源，作品多被改编为影视剧、游戏、音频等多种艺术形式，在产业链中具有重要带头作用。比较成功的案例如吴雪岚（网名"流潋紫"）所著网络小说《后宫甄嬛传》2011年被改编为电视剧《甄嬛传》、辛夷坞的网络小说《致我们终将逝去的青春》2013年被改编为同名电影，两者均大获成功，引发了网络文学改编热潮，进而引爆了网络剧改编热，爱奇艺、腾讯视频、优酷、芒果TV、哔哩哔哩、搜狐视频等推出了大量作品，单元剧、系列剧、连续剧迭出，其中如《匆匆那年》《琅琊榜》《白夜追凶》《楚乔传》《那年花开正圆》等都是青年观众喜爱的作品。改编为手游的《花千骨》《欢乐颂》等也很成功。这些跨媒介的改编与传播，反过来激起了读者阅读网络文学原作的兴趣，也一定程度上推动了原作线下的出版发行。

综上可见，以网络媒介技术为支撑、以资本运作为驱动力的网络文学 IP 产业链模式已经形成，即商业化模式已成为中国网络文学发展的主要推力之一。这一模式具体表现为：网络文学网站、文学 App 作为技术承载传播中心，形成了网络文学网上自由市场，作家的注册、受众的订阅相对门槛较低，快速方便；平台签约作家把作品版权分发授权给平台和出版社、影视改编部门、游戏、漫画创作部门，这些部门支付给作家版权费、订阅分成、运营收入分成，以保障作者的利益，然后将文学作品转化为其他艺术媒介形态得到再传播，扩大文学影响，反哺文学创作与网络运营平台；网络平台通过向广告主提供流量收取广告费，向影视、游戏、漫画、出版等部门出售版权获得改编费，改编部门通过再生产的改编作品销售获得自身收益；受众用户通过订阅、打赏、购买等方式向平台、改编方完成支付，以获得自己需要的网络文学及其改编产品。这样就形成了一个完整的、以网络文学为源头的商业化产业链。

三、网络文学商业化对文学性消长的影响表现

何为文学性？形式主义批评早期代表人物埃亨鲍姆认为文学性是文学作品特有的、区别于其他任何作品的"内在性质"[14]，雅各布逊则认为："文学科学的对象并非文学，而是'文学性'，即使一部既定作品成为文学作品的特性。"[15]后来经过什克洛夫斯基、托多罗夫等人的发展，文学性主要指鲜明生动性、情感性、创新性（新颖性）、突现性、奇特性等。童庆炳先生的解释则是"文学是发展的，文学观念也是发展的，文学性也因此是变化发展的。有多少种文学观念，就会有多少种对文学性的理解"。[16]文学性主要是指文学的审美特性，是作家与读者通过文学文本体现或获得的"气息""氛围""情调""韵律"和"色泽"，这四者就是文学性在作品中的具体的有力的表现："对于文学性来说，气息是情感的灵魂，情调是情感的基调美，氛围是情感的气氛美，韵律是情感的音乐美，色泽是情感的绘画美，这一个'灵魂'四种美几乎囊括了文学性的全部。"[17]由此可见，文学性就是不同时代使文学之所以成其为文学的那些东西，其内涵非常丰富，以情感审美为中心的文学文本、文学语言、文学形象、文学想象、诗意性、新奇性、幻想性、意象、内蕴、张力、多义性、模糊性、无限的解释性等均可以看作是文学性的内容。由此看来，文学性的边界很广大，

不同时代、不同地区、不同国家、不同媒介载体的文学其文学性既有共同的因素，也有不同的、特有的因素。传统文学与网络文学有着共同的文学性，也有其各自特有的文学性。文学性的消长变化是文学发展的内在规律，消与长是辩证互补、调适的过程，新旧文学的文学性消长是对立的也是互补的，没有这种消长，文学就会失去活力、动力，文学从业者的重要使命就是如何把这种消长调适到一个较好的状态。

人类社会每一次传播媒介技术变革都会给文学创作、传播、审美等带来新变化，也会引起文学性的消长变化。口头为载体的文学以"口头传统"（Oral Tradition）为代表，说、唱、歌、舞融合一体，质朴、生动、天然、本真，它口口相传、吟咏，故事融会了众多集体经验，具有一股特殊的温馨的魅力，本雅明把这丰富的文学性称之为"灵韵"——"一定距离之外的独一无二的现象"[18]。马克思称希腊神话与英雄传说"具有永久的艺术魅力"，也是对口头文学之独特文学性的肯定。但是口头文学的缺点也很明显：不易保存、不准确、传播速度慢、范围小等。文字发明以后，龟甲、兽骨、兽皮、石板、木板、竹简、纸张等成为人类书写的主要载体，文学书写与阅读行为的个性化、私人化得到保障，许多文本可以记录成形，重复的阅读欣赏成为可能，较远距离的传播变为现实，阅读成为人类重要的精神文化活动。加拿大学者阿尔维托·曼古埃尔在《阅读史》一书中说："阅读，几乎就如同呼吸一样，是我们的基本功能。"[19]创作者与读者通过不同风格书法书写的不同风格的文字，获得独特的文学审美享受。印刷术发明以后，文学作品得以复制传播，传统书写文学的个人化写作与小众阅读，成为一种大众传播活动、商业行为，法国作家雨果在名著《巴黎圣母院》中表现出浪漫主义式的震惊："书籍将要消灭建筑，印刷术的发明是重大的历史事件，它是革命之母，它是人类全新了的表现方式……在印刷的形式下，思想比任何时候都更易于流传，它是飞翔的、逮不住的、不能毁灭的，它和空气融合在一起……它是人类的第二座巴别塔。"[20]德国思想家瓦尔特·本雅明则认为由于艺术的全面复制，艺术商业化、工业化、消费化，使得众多摹本代替了独一无二的原本，传播范围与速度的加快引起了审美观念的变化，使传统艺术中的"光韵"（同灵韵）式微，独一无二的"原真性"（Echtheit）消失了：用众多的复制物取代了独一无二的存在。[21]但从总的趋势看，文字书写载体与印刷纸媒丰富了文学性，使创作风格个性化、多样化，形成了独特的文学行业、文学学科，不同时代、不同地区、不同民族、不同国家、不同作家创作出了浩如烟海、风格多样、富有丰厚文学性的作品。从口头到印刷（纸质）文学，文学的文学性基本呈现累加、增长的趋势——增长是主流、主导的，消减是附带、次要的。

而网络文学的商业化、产业化更深刻地改变了文学生产、传播、消费的方式，对文学性的消长影响巨大。特别是网络文学发展之初表现出颠覆性的消解趋势，甚至有人发出"纸媒文学消亡"的预言。虽然有些危言耸听，但也揭示了切实的现实问题：网络媒介对文学本身的影响前所未有，特别是其突出的商业化、产业化属性，冲击并消解着传统的文学性，也在某些方面丰富发展了文学性，形成了消解与增长并存的格局。具体消长表现可以归纳为如下几方面。

第一，文学创作的个性化、私人化风格减弱，群体参与性增强，扩大了文学主体间性。

传统作家创作的纯洁性、独立性强，一般很少受到读者或他人干扰，字里行间、人物、意象等打上鲜明的个人印记，不看作者，一看作品就能知道作者是谁。网络文学创作发表于网络空间，由具有网络空间生活经验的读者阅读，作者与读者反馈互动及时，粉丝意见往往直接影响创作，甚至参与创作形成大量的合作作者。例如《斗破苍穹》的第一作者为天蚕土豆（李虎），在网络连载过程中许多网民与作者交流读后心得，与粉丝交换意见，修正写作，网民对作者创作的干预与参与非常明显；小说结尾后，许多网友希望作者继续写下去，但李虎没有照做，于是部分读者粉丝就承接了续写的工作，如署名"灸舞班长"写的《斗破苍穹之斗帝大陆》、"家奴"写的《斗破苍穹续集：纵横天下》、"畅望云海"写的《斗破苍穹之虚空破》等也很成功，得到了众多读者的跟踪好评。这样，作者独立性的消失自然会减弱文学的个性化风格，而导致了混杂化风格或风格的不统一，进而影响文学性。

第二，创作主体的精英化、专业化程度有所衰退，大众化、平民化、草根性增强。

网络文学写作主体极其广泛，解构了传统作家话语霸权，网络向一切文学爱好者开放，网络写家的身份也比较复杂，数量繁多。在传统文学杂志社里，编辑们审稿严格，多数作者逃不脱退稿的命运，在网络的世界里编辑的生杀大权和文学名家的话语特权被消解，发表权走向大众化、公开化，自由地在网络上传播。这种只要合法注册就能发表作品的低门槛，圆了许多文学爱好者的梦，大浪淘沙出了一批文学才人，如《甄嬛传》作者吴雪岚、《琅琊榜》作者海宴等。文学真正成了"人民"的文学、网民的文学，公共性、市场化、大众化、通俗化、普及化程度空前深广，但是它也制造了许多文字垃圾，降低了文学性，降低了文学在普通网民中的形象与地位，甚至有些是危害社会的作品，污染了网络文学空间，更遑论文学性了。

第三，文学文本与文体的纯洁性减弱，文体间性增强、文本互文性突出，表现为一种泛互文性特征，语言的纯粹性降低、混杂化增加。

传统文学小说、诗词、散文、戏剧等文体分类明晰，文体风格鲜明，自成审美体系，无论是文字还是配有的插图，都散发着唯美而又多彩的光芒。网络文学对传统文体的消解严重，许多作品成为综合了各类文体的"四不像"文体；网络技术更为文本的互文性提供了先天的便利条件，形成了电子超文本。电子超文本将理论形态的"互文性"进一步现实化了。与克里斯蒂娃的"互文性"理论相比，超文本的"互文性"似乎更极端化，网络文学文本除了具有一般意义上的互文性外，还凭借网络这一特殊的介质，获得了一种泛互文性的效果，文本打破了传统文学受时空限制较大的局限，一个文本和另一个或多个文本可以同时同地，或异时异地，或异地同时，或同地异时地进行快速的链接交流，利用超级链接和互联网虚拟空间，更自由地实现引用、借鉴、抄袭、模仿、合并、仿作……而且可以把不同艺术门类的"文本"贴在一起，形成一种具有多栖性的超文本。语言形式上变化更明显，不少作品夹杂了大量网络符号、网络用语甚至自造的用语，消解了传统文学的纯洁性、规范化。如"小确幸""不明觉厉""躺枪"等，有的丰富了网络文学语言，但也有部分颠覆或糟蹋了传统文学语言。

第四，传统文学审美风格与诗意化体验锐减，商品性、游戏性、娱乐性、狂欢性增强。

传统文学经过长期的积累，形成了喜剧、悲剧、正剧等审美形态，凝结了崇高、悲壮、幽默、讽刺、婉约、豪放、唯理、唯美、古典、现代、后现代等难以细数的审美风格，这些都是传统文学性的突出表现。网络文学的创作生力军与消费者大都是青年，伴随互联网成长起来的"Z世代"，具有较强的网络生活体验，又深受消费主义的影响，网络文学作为网络传播空间的文化消费品水到渠成，文学的商品性、消费性凸显，审美的游戏性、狂欢性、娱乐性追求急剧膨胀。这种快餐文化式的消费，使文学性因素大减，宏大叙事、英雄叙述逐渐退场，戏谑、通俗式的叙事彰显。当然我们也并不否认网络文学中也有保持传统文学性的作品。

第五，书香式的创作审美感受、慢生活式的思维与阅读体验减弱，审美的自由性、碎片化、随意性、游戏性增强。

一支笔，一沓纸，一本书，一杯茶，或创作，或阅读；或文友群聊，相析疑义；或独自斗室，心游万仞，精骛八极。这是传统文学审美性创作或二度创作（阅读）的理想境界，但是网络文学所具有的网络性、网络思维与生存方式，大大改变了这种文学传统。网络文学是在网络里写作、发布、传播的，也是在网络里被阅读的、被体验的，无论是作者还是读者都有着真实的网络生活体验，网络性成了网络文学天然的特性："网络文学是网络媒介下的一种文学形态，它不仅是在网络空间传播的，更是在网络空间生产的，'网络性'是内在于它的文学性的。"[22]这也决定了网络写作者的思维方式不能是"孤独出诗人"，而应当考虑网络的大众性、自由参与性、快捷高效性、开放性、交互性、虚拟性、平等性等，以网络语言、网络体验、网络思维去与网民共鸣、宣泄情感、表达思想。读者的阅读渠道从散发着墨香的报刊书籍变成PC终端机、手机移动终端，在眼前展开的是文学网站、论坛、交流平台、阅读软件（阅读器）等，直觉化、网络化、数字化、多媒介化成为常态。大多数人阅读网文追求的是好玩、放松，像游玩一样很随意又自由。

第六，传统文学高洁、重名轻利的气节被削弱，网络文学商业化、物质化、媚俗化倾向明显。

安于清贫、人穷志不穷、重气节是传统文人的精神常态，很多伟大的作品诞生于作家穷困潦倒的时期，大部分文人也都有一种甘守清贫寂寞的心态。但网络文学颠覆了这一传统，许多作品成功与否的重要标志是其点击率、收入，类似于电影的票房。这种功利的追求已与传统文学的非功利性相去甚远。网络运营商的策划、网络文本电影化、线下出版，给作者、网络企业等带来了丰厚的收入。而这种商业化模式，带来了浮躁与急功近利的氛围，降低了网络文学作品的质量，也使网络文学创作者缺少责任担当与艺术价值追求。有论者对这种现象做了生动的表述："当点击率吸引了人们的目光，出版商们纷纷介入之后，当网上码字也能带来滚滚的财源和旺盛的人气之后，写作不再是一种爱好或者艺术，它成了一份工作，裹挟着名利的气息呼啸而来。加上网络写手大都没有受过专业训练，过度的交互性使作者在创作的时候容易受到外部环境的干扰，难以静下心来深刻思考生活、精心构思情节。面对市场经济的诱惑，他们更加目眩神迷，心也越来越浮躁。"[23]追求物质收益本无可厚非，但是丧失文学性与社会责任则走向了文学理想的反面。

第七，传统文学的厚重、含蓄的内蕴变弱变浅，语言、形象、意境、故事等文学性要素更直白、浅显，传统想象式的审美体验转向直觉感受。

对这种语言风格的转变，有学者做了准确概括："由想象性的体验快感变为享受性的经验快感，纯粹精神性的美感变为器官感觉的舒张。"[24]网络载体的方便、快速、屏感强烈、色彩变幻多样、图文并茂等技术性特点；网民网络生活的享受性、消费性、娱乐性、快节奏特点；网络文学创作主体间性的扩大，文本互文性的增强；传受双方互动反馈的即时性、及时性等因素共同作用，使网络文学变得直白、浅显。"言情小说吧"中大部分小说书名口语化，至于小说中的人物形象扁平化、情节雷同等特点明显，而小说的创作更新速度快，读者反馈快，受传双方的审美体验均以强烈的感官直觉为核心。

第八，创作题材由宽变窄，由厚变薄，文体类型化、单一化突出。

传统文学取材更加宽广，历史、现实、幻想等题材，城市、乡村各阶层、各行业，都是文学驰骋想象的天地，而网络文学文体上以长篇小说为主，类型化突出，比较单一，诗歌、散文、戏剧等文体形式少见，读者也较少，影响不大，更衬托出网络小说"一家独大"的局面。

综上，网络文学商业化引发的文学性消长是相当明显的，这是新媒介技术赋能、商业化驱动的结果，也是文学进入网络时代、消费时代必然经历的嬗变，是无法回避的。这就要求文学从业者（包括读者）合乎艺术规律地调整文学生产、传播、消费、接受、管理、反馈互动策略，做到取长补短、扬长避短以促进文学发展。

四、结论与对策

毫无疑问，无论媒介怎么发展变化，新旧文学如何交替，文学的审美性内核不变。网络文学的出现只是缪斯之神换了科技含量高的外衣，使文学之花呈现更加多彩的形象。文学的网络数字化生产、传播存在形态，商业化运营、传播方式放大了文学本来就有的商品功能，只是在以往的媒介传播生态下，这种功能是潜在的、隐性的。随着时间的推移、历史的变迁、媒介技术的发展，网络文学也会成为传统。李敬泽指出网络文学从源头上就是传统文学的网络性审美创作与表达，两个阵营应当放下对彼此的偏见，"实际上，它们应该是并行不悖的，它们都能从对方那里得到重要的支持和营养，共同构成一个完整、健全的文学生态。"[25]范伯群认为网络文学的通俗性是与传统通俗文学一脉相承的："我们认为从农耕文明时代市民文学的代表冯梦龙们到工商资本时代的张恨水们再到信息网络时代的唐家三少们是有着血缘关联的。冯梦龙们→鸳鸯蝴蝶派→网络类型小说是有承传关系的中国古今市民大众文学链。"[26]这种"本是同根生"的事实决定了文学性消长是可以调适的，传统文人、网络文人、批评家群体、读者群体、网络运营平台、相关组织机构等均可以参与调整，在遵循文学自身发生发展变革规律的前提下，形成网络文学性消长的多维调适机制。

网络作家应当承担作品生产主体责任，有强烈的担当意识，以网络创作思维沟通传统文学，遵循文学创作规律，继承传统文学丰富的文学性因素，拒绝平庸、庸俗、媚俗；以正确的文学价值观，理性对待网民意见、网络收入，以传统经典作家对文学的朝圣情怀面对屏幕、敲击键盘，向网络世界发送具有网络传播特性而又具有丰富新旧文学性传统的作品。在与读者的网络互动中要合理地看待、吸收网民的参与意见，要有自己的艺术道德，崇尚真善美，不迎合世俗和部分读者的低级趣味，从创作源头上做好"把关人"。正如李敬泽所言："网络文学的健康发展需要文学的自觉，更需要文化的自觉。大家要意识到，我们不仅是陪着人取乐的，我们在影响人甚至塑造人，一定要把社会效益放在首位。通俗文学有消费性、娱乐性，但任何时代包括通俗文学在内的大众文化，整体上都是有文化志向的。网络文学应该确立自己的文化志向，把弘扬社会主义核心价值观放在首要位置，认真学习和继承文学的优秀传统，以优秀的作品激励人、鼓舞人，引领人的精神向善向上。"[27]

读者消费群体要有媒介素养、文学素养、消费素养，做合格的文学消费者，提高审美判断力，给作者参谋、反馈良好的信息，参与或助力作者的创作。不要无原则地点赞、无德性地打赏，要合理合法地传播、转发，负责任地向现实中、网络中的朋友圈进行二度或多向度传播、介绍。素养良好的读者（网民）会成为网络作家的得力参谋，对创作起到良好作用。《甄嬛传》的作者吴雪岚对这样的读者做出了充分肯定："在网络上一边写作一边发表，非常重要的特点就是广大读者在作品形成中的参与性。读者和编辑根据自身的理解和知识储备，会帮助作者指出作品中可能出现的常识性错误或逻辑性不足，这些及时有效的批评和建议都对作品的最终完善产生了很大的帮助，《甄嬛传》就深受其益。"[28]理想型的网络读者还应当尽到文学监督员的职责，对不良作品说"不"，拒绝糟糕作品的传播也是保护文学性的应有之义。

健全网络"把关人"机制。传统文学的把关人——总编、主编、副主编、编辑等，其文学修养高，把关质量好，为读者奉献出了无数精品。鲁迅、巴金、茅盾、朱光潜等现代文学、美学大家都主持过文学刊物编辑工作，他们的敬业精神与编辑思想对新兴的网络文学行业把关人具有重要启示。朱光潜先生自1923年担任《旬刊》主编开始，到1948年主编《民国日报·文艺》为止，沉潜编辑出版界长达26年，主编或参编了一系列影响深远的出版物，锲而不舍实践其建设中国现代文化理念；在担任《文学杂志》期间，朱光潜以严谨的把关人职业操守、高超的编辑美学观念"熏、浸、刺、提"了一批作家，打造出一流的编者队伍，一流的出版内容，一流的审美旨趣，造就了《文学杂志》的经典品格。当下面对异军突起的网络文化，文学网站编辑、管理者、运营商要继承这些文学前辈们的精神，做懂文学、爱文学、爱网民的行家里手，也要做好网络技术与各种软件运用的技师，以网络思维、网络技术把好"网关"。

建立、完善网络文学诗学。网络文学批评家、理论家，应当结合传统文学理论，探索网络文学批评与理论，建立继承传统而又富有网络文学特色的网络文学诗学，为网络文学的发展提供理论指导与审美参照，造就网络文学生长的良好生态。李敬泽、欧阳友权、陈晓明、邵燕君、黄鸣奋等作家、学者已经开始构建中国特色的网络诗学，为土生土长的中国网络文学创作与理论建设铺路。不少高校教师、硕博士也以网络文学为研究课题，丰富了网络文学研究成果，架构起网络文学理论。对网络文学的概念、文学性、网络性、网络文学性等的界定，网络文学创作特点与规律的探讨，网络作者与文本的分析，网络空间与叙事的研究，网络受众市场与审美取向的探讨，网络文学传播渠道的研讨，网络文学史与教材的建设等都取得了初步成就。但是与传统诗学理论相比，深入系统的网络诗学理论建构还远远不够。

建立健全符合网络文学生产传播规律的管理机制，保障网络文学IP产业链健康发展。任何社会文化信息的传播都必须遵循一定的传播制度和规范，文学作为特殊的信息产品也不例外。创作生产、出版流通、消费传播等各个环节都必须遵守国家法律法规、行业职业道德、社会公德、文化规范和文学自身的规律，网络文学除了遵守一般的文学创作与传播应有的制度规范外，还应当遵守网络虚拟空间的规律与国家相关规定。中国作家协会2016年7月发布的《网络文学行业自律倡议书》，新闻出版总署出台的《关于推动网络文学健康发展的指导意见》等，各级文联、作协、作家群体组织等的行业规范或群体规范，既可以为传统文学性的保护、传承起到助力作用，又能够建立起网络文学发展的良性生态。李敬泽在谈到《网络文学行业自律倡议书》的意义时指出："网络文学有自律才有大繁荣，要把社会价值、效益放在首位，保持创新能力，形成有利于网络文学健康发展的制度环境与生态条件。"[29]网络文学作者要培育良好的媒介素养、文化文学素养与职业操守，各级各类文学网站要遵守相关法律法规，借鉴传统纸媒文学杂志与出版社的成熟经验，制定科学的网络文学发表准入制度、审核制度、监督举报制度和网络技术自动过滤机制。

● 参考文献

[1] 欧阳友权. 网络文学对传统诗性的消解 [J]. 中国文学研究, 2003（3）: 3.

[2] 欧阳友权. 网络文学的价值取向及其自逆式消解 [J]. 高校理论战线, 2011（10）: 67.

[3] 邵燕君. 网络文学"爽文学观"对精英文学观的"他者化" [J]. 中国现代文学研究丛刊, 2016（8）: 17.

[4] 欧阳文风. 网络文学大事件100 [M]. 北京: 中央编译出版社, 2014: 85.

[5] 叶匡政. 网络在重写文学定义 [N]. 社会科学报, 2009-02-05.

[6] 郭丹曦. 网络文学: 文学的没落而非复兴 [J]. 社会科学论坛, 2021（1）: 104.

［7］杜书瀛. 文学真的会消亡吗［J］. 南都学坛, 2006（1）：62.

［8］葛红兵. 纸面文学的溃败与网络文学的新生［EB/OL］.（2020-10-22）［2021-12-21］. http：//www.confucius2000. com/poetry/zmwxdkbywlwxdxs. htm.

［9］金涛. 网络对文学的影响不止是工具——访全国人大代表、诗人冉冉［N］. 中国艺术报, 2015-03-11.

［10］吴亮芳. 中国网络文学新业态的诞生、迭代与模型：商业与艺术［J］. 现代传播, 2020（5）：118.

［11］头豹研究院. 2019年中国在线阅读App行业概览［EB/OL］.（2020-10-22）［2022-12-22］. https：//www.leadleo. com/report/details?id=5d3fa88ba2b5ae553e74985e.

［12］中国互联网信息中心. 第47次中国互联网络发展状况统计报告［EB/OL］.（2020-11-10）［2021-10-22］. http：//www. cnnic. net. cn/hlwfzyj/hlwxzbg/.

［13］头豹研究院. 2021年中国网络文学行业概览［EB/OL］.（2020-11-10）［2021-10-22］. https：//www.leadleo. com/report/reading?id=604edd7519a3700adde22a0a.

［14］鲍·艾亨鲍姆. "形式方法"的理论［C］//茨维坦·托多罗夫. 俄苏形式主义文论选. 蔡鸿滨, 译. 北京：中国社会科学出版社, 1989：21.

［15］雅各布逊. 俄国现代诗歌［C］//茨维坦·托多罗夫. 俄苏形式主义文论选. 蔡鸿滨, 译. 北京：中国社会科学出版社, 1989：24.

［16］童庆炳. 谈谈文学性［J］. 语文建设, 2009（3）：56.

［17］童庆炳. 谈谈文学性［J］. 语文建设, 2009（3）：59.

［18］本雅明. 机器复制时代的艺术作品［M］. 王才勇, 译. 北京：中国城市出版社, 2002：13.

［19］阿尔维托·曼古埃尔. 阅读史［M］. 吴昌杰, 译. 北京：商务印书馆, 2000：7.

[20] 雨果. 巴黎圣母院[M]. 陈敬容, 译. 北京: 人民文学出版社, 1994: 211—218.

[21] 本雅明. 机器复制时代的艺术作品[M]. 王才勇, 译. 北京: 中国城市出版社, 2002: 51, 53.

[22] 李敬泽, 邵燕君, 陈晓明. 网络时代的文学[J]. 中国现代文学研究丛刊, 2016(8): 8.

[23] 汤俏. 网络文学发展与文学主体性问题——网络文学与商业"联姻"之忧[J]. 当代文坛, 2016(5): 27.

[24] 欧阳友权. 网络文学前沿问题的学术清理[J]. 湖南师范大学学报, 2005(3): 97.

[25][27] 李敬泽. 网络文学: 文学自觉和文化自觉[N]. 人民日报, 2014-07-25.

[26] 范伯群, 刘小源. 通俗文学的传统与网络类型小说的历史参照系[J]. 中国现代文学研究丛刊, 2015(8): 101.

[28] 怡梦. 网络文学需要什么样的专业批评[N]. 中国艺术报, 2013-07-15.

[29] 李敬泽. 网络文学有自律才有大繁荣[N]. 中国新闻出版广电报, 2016-08-04.

| 第二部分 |

全维审思：脚踏实地显担当

  我们倡导新闻学专业的学生，走到不同的群体之中，观察不同行业的新变化，确定自己感兴趣的话题，拟定题目；打破一切障碍，寻找资料，然后思考并陈述自己选题的价值与意义，选择一种或多种研究方法，展开设计方案，层层推进研究各环节，实实在在地体验《研究方法与论文写作指导》课程的真义。这一部分就是学生成果的展示。

新形势下我国零售业面临的挑战与对策

包亚科[*]

【摘要】 新型冠状病毒肺炎疫情暴发，对我国零售消费市场带来明显冲击，但国内巨大的消费市场仍将为我国零售业的持续发展提供良好的经济支撑。部分区域大型零售经营企业受到的冲击较大，但大型企业对抗风险能力及适应能力相对较强，政府优惠政策也在一定程度上减轻了疫情带来的冲击。本文将从不同角度分析我国零售业的发展情况，客观看待疫情带来的发展机遇，希望助力推动零售业更好地发展。

【关键词】 疫情；零售业；逆境与机遇

一、文献综述

零售业是以向最终社会消费者（包括企业、个人和其他社会企业集团）提供所需商品及附带信息服务活动为主的一个行业。它是具体反映国民经济运行情况的晴雨表，国民经济体系是否协调健康发展，社会与市场经济间的结构分配是否合理，首先体现在商品流通领域，特别是在社会消费品零售市场。2020年初，新型冠状病毒肺炎疫情给中国零售业特别是传统零售业发展带来了巨大的冲击，但其中有一些反应迅速的实体零售商成功地将这一挑战变为机遇，促

---

[*] 作者包亚科系临沂大学传媒学院新闻系2019级学生。

进了零售业的发展。总的来说，这场疫情虽然给中国零售业造成巨大的损失，但如果企业能够把握疫情带来的机遇，也可以降低损失，积极推动行业发展[1]。

国内有关疫情对零售业影响的研究主要从行业转型、面临的国际挑战、未来发展趋势、人才培养及市场营销策略等几个方面展开。本文整理如下。

（1）零售业的转型。主要从疫情防控下零售业数字化转型方面进行研究，分析了购物中心、超市、便利店及一些老字号餐饮企业的数字化经营趋势，并且有针对性地提出未来发展应不断优化产品供给，搭建品质数字化零售平台满足群众消费需求。如王春娟的《常态化疫情防控下零售业数字化转型分析》（2021）、吕理哲的《疫情逼出零售业新生意模式》（2020）、张明钟的《后疫情时代零售业的数字化转型之路》（2020）等。

（2）疫情对中国零售业的影响研究。如田梦和叶云的《新冠肺炎疫情对社会消费品零售业的影响研究》（2020）、李元的《新冠疫情下"宅经济"对商贸零售业的影响研究》（2020）、竹佳的《浅谈疫情对传统零售业带来的变化与思考》（2020）、叶文菲的《新冠疫情下零售业面临的挑战及对策》（2020）等。

（3）零售业未来发展趋势研究。如徐卓君的《疫情对零售业的影响及零售业未来的发展趋势分析》（2021）、江润阔、吴艳等人的《新冠疫情对服装零售业的影响及发展趋势预测》（2020）、苏琬琪的《后疫情时代零售业面临的挑战与发展方向》（2021）等。

（4）我国零售业的营销策略研究。如卞志刚的《新型冠状病毒疫情下零售业营销策略研究——基于价值链理论》。文章简要分析了疫情下我国零售业的发展现状，结合传统价值链营销理论，提出企业应该树立传统价值链营销思维，重视利益分享共赢理念，利用地方政府政策扶持政策，实施一体化营销战略模式，综合运用信息网络技术与营销手段，采取积极的公关活动等。

除此之外，还有针对零售业人才培养的研究。主要观点为明确人才培养定位，坚持立德树人的教育思想，深化学校产研与教学研融合，为我国零售业培养新型专业岗位人才。

上述文献从各个方面深入分析了我国零售业的发展现状及应对措施，为促进我国零售业的健康发展提供了理论支持。本文将从零售业面对的挑战与对策分析我国零售业的发展。

二、新形势下零售业的发展

（一）疫情对国内零售市场造成冲击，但零售业仍有很大的增长潜力和转型升级空间

2020年，我国经济面临一定的下行压力，加上疫情因素，消费者需求受到影响。但从长远来看，我国消费市场仍有良好的发展空间。基于庞大的人口基础，国内消费市场已经成为经济增长的重要驱动力[2]。从消费特征来看，一方面，居民对于商品的质量和性价比有了更高要求；另一方面，消费者在不同的年龄阶段，对商品的偏好不同，这也为零售市场的发展带来了更多机遇。

近年来，在渠道方面，零售渠道多样化，线上和线下结合的趋势突出；在商品方面，商品结构得到了优化，品牌管理力度有所增强；供应链方面，零售企业加大了对上游资源的合作和投资。此外，大数据、物联网、人工智能等技术的应用也引发了零售场景重构、业务流程转型及企业加强成本控制。

（二）疫情加剧了零售种类之间的分化，电子商务快速普及

在疫情防控期间，为了避免聚集，实体店多采取缩短营业时间、限制客流的措施。对于传统超市来说，由于日常消费品的刚性需求特点，受疫情的直接影响相对较小。而商场和购物中心因为营业时间缩短、客流量减少，整体销售业绩有明显下降。像各类化妆品、服装、珠宝等商品的销售都受到很大影响[3]。

在电子商务零售方面，疫情防控期间，居民对日常生活必需品和各种医疗卫生用品的消费需求旺盛，这类商品的消费额出现了大幅增长（见图1）。

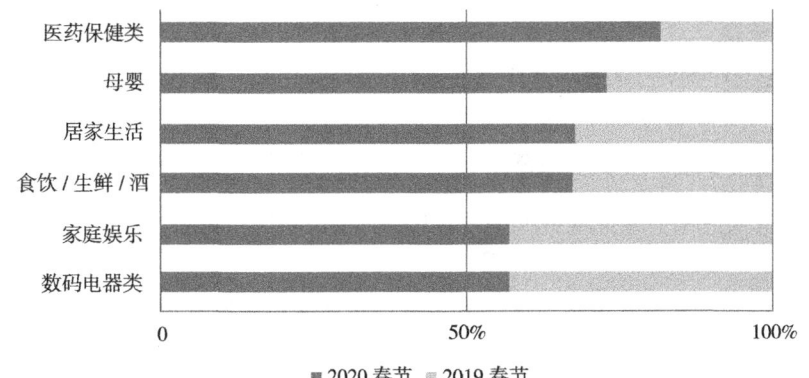

图1 京东大数据：2020春节消费变化

资料来源：京东网

三、大型零售企业取得的成绩

（一）大型零售企业整体抗风险能力较强

由于全国各地疫情严重程度不同，其零售市场的恢复工作也存在差异。中小城市的零售企业经营模式更加灵活，因为多使用当地劳动力，疫情防控期间员工因交通和心理因素无法返岗的概率较低。而一、二线城市大型零售企业在疫情中显示出了较强的抗风险能力，加上有政府专项资金支持的政策，在一定程度上减少了不利影响，为零售企业的发展提供了借鉴[4]。

（二）零售企业资金平衡能力面临挑战，但整体债务偿还压力仍然可控

从疫情对零售企业的财务影响来看，由于营业时间缩短和客流量减少，很多企业的收入比疫情前有所下降。加上消费者习惯的改变，网络购物对于线下零售实体店也造成了冲击，亏损门店关闭、新店培育期延长、劳动力和租金成本上涨，让很多零售企业的利润率、增长率有所下降。

在融资方面，政府在疫情防控期间为零售企业提供了大力支持，部分企业已成功发行"防疫债券"，资金将用于债券互换和防疫控制，在缓解资金压力的同时有利于降低融资成本。目前大部分零售企业有合理的财务杠杆，账面上有一定数量的无限制资金，其中部分企业的自有物业具备较好的抵押价值，预计零售企业的债务风险整体可以得到控制。

四、机遇与对策

（一）政府协助零售企业共渡难关

1. 做好复工保障，助力企业恢复经营

简化复工手续，推动有序复工。在条件允许情况下尽量放宽管制，简化复工申请流程，允许企业在做好疫情防控的前提下恢复经营。

2. 援企稳岗，帮助企业招工用工

随着生活秩序逐步恢复，居民生活消费需求逐渐升温，零售企业的招工潮即将来临。政府部门一要加大政企合作，掌握具体用工需求，摸排就业意愿，精准匹配就业供需；二要协调疏通人员流动渠道，为符合防疫要求的就业人员提供畅通的返工路径。

3. 纾困解压,延长企业"寿命"

紧紧贴合企业需求,搭建银企对接桥梁。一是考虑对中小微零售企业放宽无抵押贷款的门槛,创新贷款信用凭证,将税收与金融联动,用纳税信用或优质订单合同作为抵押,帮助企业获取资金。二是可通过专项贷款的方式,帮助一些自身有活力、受疫情影响大、未来可增长的小微企业渡过难关。三是多措并举对接银企信息,提高企业获贷效率。通过搭建平台,收集发布企业融资需求,及时对接、调度金融机构,精简放贷手续,开通绿色通道,争分夺秒为企业解燃眉之急[5]。

(二)贴合行业变化,引导有序升级

1. 强化接触卫生安全管理,提升突发事件应对能力

一是通过宣传、考核等方式引导零售企业做好卫生管理,同时提升公民卫生安全意识。二是督促零售场所建立和完善突发事件应对体系,建立签约责任制,落实防控预案管理。利用专项培训、定期督查等方式,提升零售企业对公共突发卫生事件的应急处理能力。

2. 点线面提升供应链抗风险能力,推动智慧零售数字化智能化升级

连点成线,进一步促进产销资源衔接。积极搭建产销衔接平台,利用线下展销会、线上特色农产品推广平台等途径,高效组织产品信息对接、资源整合,加强产品主产区与其他城市的协调配合,提高资源利用率,连点成线,推动产销有效衔接。集线成面,引导行业构建冷链物流体系,推动冷链物流行业优化升级。聚面建网,构筑科技引领环境,打造数字化智能化物流网络[6]。建议强化政策引导,设立专项研发扶持资金,推动物流行业进行数字化、信息化提升,构建以新技术为保障的现代物流体系,及时、透明、可控地掌握供应链、物流状态,提高行业供应链抗风险能力。

3. 利用社区零售业构建"民生监测网",布局基础保障体系

构筑以社区零售为支点的保障网络。疫情之下,大型超市、社区商超和便利店等零售企业不仅起到了保障供应、稳定物价的作用,也在很大程度上成为稳定民心的"镇定剂"[7]。推动政企协作,可充分利用已有的"一刻钟社区服务圈"等社区零售业布局,构建高敏感性的"民生监测网",成为政府监测社会风险、及时应对、提高管理效率的触角。未来,可继续优化便民点布局,加强统筹管理,畅通政企信息沟通渠道,共同提高社会抗风险和应急应变能力[8]。

疫情之下，零售企业正经历着一场"寒春"，被按下暂停键的日子里，唯有负重前行。纵观历史，我们总有理由相信危机之中也孕育着"生"机，疫情后消费市场的火爆，业态的创新、服务质量的提升，零售业的变革和升级必将加速到来。

● **参考文献**

［1］江润恬，吴艳，金鹏，等. 新冠疫情对服装零售业的影响及发展趋势预测［J］. 毛纺科技，2020（12）：98-102.

［2］竹佳. 浅谈疫情对传统零售业带来的变化与思考［J］. 上海商业，2020（7）：16-18.

［3］王春娟. 常态化疫情防控下零售业数字化转型分析［J］. 时代经贸，2021（1）：30-33.

［4］钟丽丽.《哈佛商业评论》：疫情催生零售业新购物模式［N］. 社会科学报，2021-07-08.

［5］田梦，叶云. 新冠肺炎疫情对社会消费品零售业的影响研究［J］. 财务管理研究，2020（12）：86-92.

［6］吕理哲. 疫情逼出零售业新生意模式［J］. 今日印刷，2020（5）：60-61.

［7］王刚潮. 浅谈新冠疫情对中国零售业的影响及对策［J］. 中国商论，2020（14）：21-23.

［8］郭鑫，徐君. 后疫情时代我国零售业高质量发展的新思考——基于"人、货、场"概念模型［J］. 科技与经济，2021（3）：101-105.

电影发行放映模式及观影方式的改变及其影响

李利[*]

【摘要】 疫情防控期间,电影行业在困境中寻求突围与发展,《囧妈》"院转网"放映模式是典型的例证。原有的院线与电视放映模式已经不能满足观众的需求,线上电影拥有极大的生存空间。电影发行放映模式的改变导致观影空间的转移,促进人们观影方式的转变,后者反作用于整个电影生产制作模式和电影美学追求。

【关键词】 电影放映模式;观影方式;网络电影

传统的电影放映模式在疫情下遭受重创,陷入疲软期,院线影片纷纷撤档,部分影院关停;电视电影在更具有个性化、互动性和便捷性的媒介终端市场与疫情的双重压力下奋力求存[1]。从另一角度看,疫情的暴发为流媒体平台的快速崛起提供了机遇,网络电影迎来发展契机,《囧妈》"院转网"的成功就是典型的例证。疫情之下,电影厂商纷纷转变电影发行放映模式,也带来观影空间的改变,进一步对大众的观影行为产生革命性的影响。

一、电影发行放映模式分析

(一)院线电影

院线电影主要是指以各电影院发行为主体并上映的院线业务。院线对旗下

---

[*] 作者李利系临沂大学传媒学院学生。

影院实行统一放映、统一排片、统一经营、统一管理[2]。

突如其来的疫情给中国乃至世界电影行业的发展带来了冲击。《囧妈》《紧急救援》等多部电影相继宣布撤出春节档。目前而言，电影的线下放映模式仍然为主流，但疫情促进了电影的流媒体化，为电影的线上播放打开了缺口。

（二）电视电影

1995年电影频道开播，备受观众喜爱，后经不断优化，电影的电视传播变得成熟，也培养、改变了中国观众的观看方式。电影频道一直不断改进，持续更新并购买国内外优秀电影的播映权。一方面，这种模式让电影企业实现了增收，在电视产业化制度改革中获得了资金支持，开拓了新的产业市场；另一方面，电视广告市场的繁荣发展在一段时期内填补了中国电影产业文化消费市场的空窗期，让中国的电影观众们得到了一个共享中国电影、了解中国电影文化的良好机会[3]。随着中国新媒体终端市场持续快速发展，虽然电视放映在电影市场中仍占据着不可忽视的地位，但电影频道的平均收视率出现了下降，通过电视终端观看电影的人群明显减少。

（三）网络电影

网络电影即仅在网络视频平台上映的电影。随着互联网技术飞速发展、网络用户数量进一步增加，视频网站不断丰富，网络平台成为人们观看电影的重要途径。网络电影以其互动性、整合性、成本低、时间短以及发行快等优势强势进军电影市场。2000年8月，由台湾春水堂拍摄制作的《175度色盲》在网络播出，标志着中国首部网络电影的诞生。2010—2019年，中国进入网络电影大发展阶段。在此阶段，各大视频网站对热门电影的争夺更加激烈，爱奇艺、搜狐、乐视、新浪等多家视频网站也开始以制片方或投资方的身份进入电影生产领域，成为网络自制电影的主体[4]。2014年，爱奇艺首次提出区别于微电影和院线电影的"网络大电影"的概念。2016年，中国网络电影增长到2463部。网络电影市场的爆发式增长，吸引了爱优腾等视频网站进入网络电影产业链上游领域。2019年，在首届中国世界互联网国际电影周大会开幕式上，"网络电影"被提议作为互联网发行电影的统一称谓[5]。这一提议，标志着网络电影的电影本质属性被证实和认可，电影与互联网的融合步入了现实。2020年疫情对传统院线造成冲击，网络电影也被更多人关注，线上观影迎来红利期。在线下影院停业的情况下，《囧妈》以6.3亿元人民币的价格将版权独家出售给字节跳动，并在抖音、西瓜视频等 App 上免费播放，成功实现"院转网"，开创了一个全新的播影模式。受其影响，《肥龙过江》《大赢家》《春潮》等电影也宣布将从院线转向互联网播出，流媒体平台成为电影发行的新渠道。

二、大众观影方式转变

电影放映模式的变化也引起了大众观影方式的转变，而观影方式的转变亦可体现为观影空间的变化。

首先要介绍的是大众的主要观影模式，线下观看模式，即影院观影。院线观影使观影者处于"黑匣子"一般的空间之中。观众坐在黑暗的放映厅中观看明亮的屏幕，"暗场"空间的放映行为将观者自身与周围环境隔离，观众们的身体被局限在这一固定黑暗中的空间之中，变成一种完全静止的正在观看的状态。观众对于大银幕的热衷，更多的是基于在公共空间里的一种亲密聚合，可以将这看作一种社交行为[6]。所以影院观影不仅给观众带来精神上的愉悦享受，也是一种身份和相互认同的建立。同坐在一个放映厅的人，是基于共同喜欢某部电影而达到的对彼此身份的互认。所以影院在无意中提供了群体交流体验的可能性。正如纽约大学艺术学院电影学院副教授张真所说："对于无神论者来讲，电影可能就是影迷的一个神，电影院就是一个现代的庙宇。"这种公共空间的亲密聚合是流媒体平台无法实现和达到的。

其次是互联网和移动端的"云观影"模式。这种观影模式创造了虚拟屏幕上的影像与观众身处的现实生活环境完美融合的观影互动空间，观众从"黑匣子"的"暗场"场景中迁移到"明场"——一个更为开放的、碎片化的、可自由移动的观影空间。在此情景中，观众的身体与心理意识不再被固定于某个座位上，脱离了"暗场"空间的被动接受状态，身处一种非常自然的、放松的、游离的精神状态之中。在观看过程中，使用移动端的观众能够自由随意地选择影片，也可以用暂停、快退、快进和倍速播放等手段改变观看顺序和播放速度，从而拥有更多主动权。影视学者谢阳认为："如果把影院观影看作是一种影像的独裁，观众只能被动地接受安排好的一切，那么，线上放映则驱散了这种独裁，使观众具有完全的观影自主性，并且更私人化和更具灵活性。"[7]

三、后影院时代的流媒体之思

受到疫情的影响,电影传播的流媒体化越来越明显[8]。电影流媒体化给观众带来种种便利的同时,也给电影艺术带来了冲击。

首先是"灵韵"的消失。"灵韵"即一定距离外的"独一无二的显现"。本雅明认为正是这种"独特的距离感"造就了观者从艺术品中体会到的独特审美感受,这也是艺术品具有"灵韵"的基础和要求。对电影而言,电影院是承载着电影灵韵的实体基础和载体。而流媒体平台的迅速崛起,使影院实体空间向线上流媒体平台转移、从巨大的影院屏幕向迷你电子屏幕转移。观众处于一种自由开放但充满干扰的环境中,"独特的距离感"也跟着消失,无法进入沉浸式观看,也就无法进行对电影作品"灵韵"的构建。

其次是审美领域的缩窄。流媒体平台打破了传统电影的时空限制,虚拟空间所具有的"无限性"使观众观影不再受到影院排片和档期的限制,平台提供海量电影可供选择和观看,这种革新给观众带来了极大的自主权。面对影院不感兴趣的排档,观众可以转移至流媒体平台,任意挑选一部自己喜爱的影片在任何时间进行观看,这种自由度是影院给不了的。但是流媒体平台观影也带来了别的问题。流媒体平台的互联网属性使观众被大数据裹挟,观众的口味、审美倾向被平台的大数据抓取,然后向观众持续推送相似类别、内容、审美的影片,观众如果沉迷其中,就无法拓宽自己的审美领域,形成"认知孤岛"。观众长期持续性地被迎合自己审美趣味的影片裹挟、浸淫,就会错失与自身认知对立和审美接受范围外的高质量内容带来的碰撞,对电影缺少思辨性批判[9]。所以,流媒体化的观影模式,会给观众造成电影艺术审美方面的"信息茧房"。

四、结语

疫情确实让电影产业链得以调整,但这不代表"影院时代"就此结束。以"院线公映"为产业核心的中国电影产业链历史长达百年之久,成熟且稳固的商业模式不是一朝一夕就会被推翻的。去影院看电影是一种现实的社交行为,观众不仅是去消费一部自己欣赏的影片,这一行为的背后有更为复杂的社交目的,如恋爱、会友等。影院观影方式也给观众带来线上观影不可比拟的体验。

然而对于电影业来讲，此刻也确实到了重视与流媒体融合的阶段。《囧妈》首创的线上首映新模式，对我国电影发行放映模式有一定的借鉴和启示意义。线上线下放映模式融合将是全球电影产业的发展趋势，但是线上观影对于电影美学和观众注意力的破坏也是不容忽视的，在看到新旧观影模式互利共生的同时，也应该警惕和规避新变化带来的不利影响。

● 参考文献

［1］王奕丹. 中国网络电影发展变迁（2000—2020）［J］. 视听，2021（9）：137-138.

［2］叶宇. 电影频道：中国电影电视市场的历史与现实［J］. 中国电影市场，2020（10）.

［3］彭吉象. 影视美学［M］. 北京：北京大学出版社，2002：3.

［4］谢阳. 基于线上放映的虚拟社群聚合模式探析［J］. 粤海风，2021（4）：109-112.

［5］尹鸿，孙可佳. 后疫情时代下互动电影的机遇与展望［J］. 甘肃社会科学，2021（2）：65-72.

［6］丁瑶瑶. 从"非常态"到"新常态"——互联网时代观影空间的转型与重塑［J］. 青年记者，2020（32）：102-103.

［7］刘名辰. 后疫情时代：电影"流媒体化"之思［J］. 东南传播，2021（4）：68-71.

［8］陆佳佳，刘汉文. 2020年中国电影产业发展分析报告［J］. 当代电影，2021（3）：15-26.

［9］谭雪芳. 图形化身、数字孪生与具身性在场：身体——技术关系模式下的传播新视野［J］. 现代传播（中国传媒大学学报），2019，41（8）：64-70.

社区服务的智能化与人性化

张赛[*]

【摘要】 社区是疫情防控的基础环节，应利用社区服务，利用互联网和大数据，对社区进行科学智能管理，准确了解每一位社区成员的动态，实现社区管理的智能化。同时，每一位社区成员都需要人文关怀，这就要求社区服务要更加注重人性化。因此，应实现社区管理的智能化与人性化相结合，充分利用各种资源，推动社区管理现代化，更好地服务社区居民，推动我国社会主义现代化建设进程。

【关键词】 社区管理；智能化；人文关怀

社区治理是我国城市治理的最小单元，社区防控是疫情防控的重要基础和关键环节[1]。面对严峻的疫情，各地纷纷创新治理形式，采用"线上线下"相结合的方式，严防严控。社区的管理人员应关注每位居民的身心健康，实行人性化管理；应关注动态数据信息，科学防控疫情[2]。因此，智能化与人性化相结合，科学协同推进，这是社区管理的重要方面。

国内有关疫情下社区管理的研究主要集中在网格化、民众服务、智慧社区建设、社区应急管理等方面。

（1）社区管理的网格化研究。①任思洋《西安市 C 社区新冠肺炎疫情网格化管理研究》。该篇文章基于 4R 危机管理理论，韧性管理理论，具体分析了西

---

[*] 作者张赛系临沂大学传媒学院学生。

安市 C 社区在疫情防控中网格化管理的具体模式与实施现状，提出治理体系的提升和完善是长期的。②苏杨杨《社区网格化管理研究——以山东省 PY 县社区疫情防控为例》。文章指出网格化在疫情防控中发挥了重大作用，疫情防控工作也激发了网格化的活力，促进其完善升级，为优化网格化管理提供了实践指引。③陈大鹏《非常态危机情境下城市社区网格化治理研究——以临沂市兰山区为例》。文章立足危机管理下的社区网格化治理实践，从网格化强化基础建设，构建社区基层管理，加强保障等方面提出建议。④姜飘飘《疫情期间农村社区网格化管理研究——以巢湖市 HY 社区为例》。该文章提出农村社区管理网格化的概念，分析现状及问题，推动构建多元主体参与机制。

（2）社区服务方面的研究。①杨佳妮《城市社区人群疫情信息搜寻行为影响因素研究》。该文章提到社区管理氛围是个体在特定环境中对社区氛围的感知；疫情期间社区管理氛围受疫情发生情况、地域风险等级变化等因素的相互作用。②徐丹萍、李晓芸《疫情期间社区对于新冠管理防控工作的策略研究》。该文章提出社区中的每个人都是管理参与者，社区工作人员为监测对象提供上门服务，开展日常生活服务，进行心理情绪辅导，彰显"人性化"管理。③常彩云、席祖洋、李子锋等《新冠肺炎疫情期间封闭式管理的社区人群焦虑及心理韧性调查》。文章提出要减轻社区工作人员的焦虑水平，亟须提高社区管理服务水平，完善支持系统。④杨建梁、刘越男、祁天娇等《重大公共卫生事件中民众诉求的主题挖掘与演变透视》。分析了社区防控治理的数字化，提出要关注民众诉求，关注民生问题。

（3）智慧社区建设研究。①夏婉、李全、张晶晶《疫情下智慧社区管理系统构建》。文章提出推进智慧社区建设，通过数据化的"互联网+"思维，科学化的工作运营方式，促进疫情防控和社区管理的规范协同统一。②李通、胡超男《基于智慧城市视角的社区韧性防疫体系构建》。文章提出智慧城市、社区智慧防疫的概念，建议推行网络化覆盖以及智能化管理。

（4）疫情背景下社区管理的其他方面研究。①林智星《警务视角下重大突发公共卫生事件时期的社区管理》。文章提到智慧公安建设，建议多维度获取社区信息，开展线上警务服务。②吴昊、付诚《浅析疫情期间社区应急管理的困境和对策》。文章提出应急管理困境，对策是直面人民群众，了解人民群众的需要。

在疫情防控工作中，社区管理是关键的环节，而一些社区暴露了智能化水平不足，缺乏人性化管理等问题。综合相关文献，我们可以了解到，除了网格化和加强治理等方面，推行智能化和人性化服务也具有重要意义。本文通过分析社区管理服务的问题，为智能化和人性化建设提出具体的策略和方法，希望能帮助加快现代化社区建设，提高社区服务和治理水平。

一、社区管理智能化表现

信息技术在社区管理中得到越来越广泛的应用。在抗"疫"过程中，除了需要线下快速响应，也需要线上及时准确地同步各类最新消息，做到稳民心，强信心[3]。

（1）人脸识别下的智能监测技术。研究发现，一些社区采用人脸识别+语音、体温智能检测门禁系统，可以实现住户戴口罩"刷脸"进门，还能对未戴口罩者发出语音提醒并实现全程无接触测温。现代化智能技术必将筑牢疫情防控的"社区防线"，人脸识别加测温，五秒即可通行，既改善了社区纸质出入证在使用过程中易造成磨损或丢失的问题，也在一定程度上避免了证件和人员的接触，降低和避免了交叉感染的可能性，提高了卫生安全性[4]。

（2）线上团购买菜。疫情防控期间，很多社区实行封闭管理，保障居民正常采购食品和日常生活用品成为社区管理的"头等大事"。因此，不少社区与线上超市开展合作，方便社区居民网上购物。在武汉市，外卖平台"饿了么"在11个社区推出买菜自提服务站，这些自提服务站都设在距离社区一公里范围内的地方，可帮助居民避免去超市聚集，居民只需在特定的App中点击"买菜"，付款，确认收货网点，然后下楼取菜即可。

（3）智能科技产品的运用。许多社区采用多种智能科技产品助力抗疫，比如机器人送餐、居家健康监测，无人机消毒等。上海市长宁区的一个社区就使用了一台大疆T16植保无人机，它能携带16公斤的喷壶，装上消毒药水，在小区出入口、空地、健身设施、垃圾箱周边开展高空消毒作业，在很大程度上维护了小区的卫生安全，也极大地减轻了社区工作人员的负担。

（4）线上沟通协作，实现智能化管理。通过在线信息收集和反馈，可以大大提高沟通协作的效率，减少工作人员之间的接触，降低病毒交叉传播的风险。如武汉市"微邻里"小程序特别开辟"自查上报"功能，协助社区发热患者就医，减少交叉感染；许多社区针对居民买菜难问题，建立采购微信群，收集居民采购需求，由社区和服务商沟通，实现及时送菜至小区。

二、社区管理人性化表现

社区管理中的人文关怀非常重要，人性化管理突出了社区中人民群众的主体地位[5]。调查研究发现许多社区服务从各个方面都体现出人性化管理。

（1）远程医疗辅助。通过互联网或者手机端医疗平台进行筛查并实时统计社区中疑似病例，帮助患者进行初步诊断，防止疑似病例在医院就诊时发生不必要的感染。如某互联网总医院通过诊前问卷进行结构化临床信息采集分析，并通过在线医生为患者提供远程咨询和指导。该方法的使用减少了疑似病例对医疗资源的占用，降低了人员交叉感染的风险，为疫情防控做出了不可或缺的贡献。

（2）"机器人"人性化服务。科大讯飞的"智医助理电话机器人"走进海滨社区，为近百家社区卫生服务中心提供免费防疫健康咨询。通过该咨询服务，市民会接到电话，收到有关新型冠状病毒肺炎疫情的防护知识。该机器人还可以协助社区基层医疗机构开展居民健康随访、疾病筛查等工作。据天津市海滨卫生院工作人员介绍，之前收集居民和患者情况都是靠人工走访，工作量很大，工作人员需要超负荷工作。自从上线该智能机器人后，只需对其设置好任务，在机器人工作结束后直接查看统计结果即可[6]。如此一来，就把医务人员从繁重的工作中解放出来，可以有更多的时间服务患者，提高了工作效率和工作质量。

（3）生活商城建设，便利生活。疫情防控期间有时会遇到小区封闭管理，对居民来说，足不出户就能享受社区的便利服务，满足基本生活需要是一件能够提高幸福感的事情。许多社区整合多方资源为居民建立智能应用生活商城，让居民在家就可以满足日常生活所需。例如有的社区，居民可以通过公众号"生活商城"线上购物，由社区志愿者上门送货，为居家隔离的居民提供生活保障。

（4）居民积极参与，实现社区微治理。居民通过微信公众号或者社区组建的微信群聊，主动申报和反映疫情防控相关信息，参与社区微治理。智慧社区建设不仅为返家人员提供了便利，减少了与他人接触，而且有效拓宽了社区服务管理的范围，提升了社区服务的效率，能够更便捷地为居民服务。许多社区通过微信群了解社区居民的动态信息，有效地架起居民与物业、居民与社区的沟通桥梁，人性化地服务每一位居民。

（5）社区服务中的精神文明建设。在疫情防控期间，居家隔离难免让人产生焦虑情绪，在这样的环境下，居民的心中更加渴望关怀，渴望温暖。许多社区通过线上和线下的共同行动，推动温暖社区建设，宣传抗疫中的英雄事迹，激发居民的积极性，推动大家更好地团结起来，互帮互助，共同抗击疫情。

三、个人信息采集与滥用问题

社区服务管理的智能化与人性化发挥了很大的作用，但在深入了解后，也能发现一些问题。只有正视这些问题，才能改进社区工作，推动社区管理完善与进步。

（1）"智能社区"建设不"智能"，应急措施不精细，预警不足，应对迟缓。一些社区在应急管理中出现了"一刀切"的现象，没能做到具体问题具体分析[7]。比如，对老旧社区、"城中村"社区管理的薄弱环节关注不够，对那些需要关注的老人、儿童、病人等特殊群体的关怀不足；一些社区管理中没有区分等级，没有因地制宜采取措施进行疫情防控；精细化管理存在缺陷，一些社区对本社区的实际人口数量、人口来源地、居民活动轨迹难以掌握，只能通过打电话、上门调查等传统手段统计信息，跨地区、跨层级和跨部门的数据无法实现共享，这给早期的社区疫情防控工作带来了困难。

（2）社区服务难以满足居民的需求。社区规模过大，社区人数过多，仅靠有限的社区工作者为居民提供服务明显力不从心。即使在平时，有限的社区服务与多样化的居民需求之间也存在矛盾，疫情防控期间，这种矛盾更加突出。我们应该更清楚地认识到，如果没有社会协同和公众参与，仅靠社区工作人员是很难满足居民多样化的需求的。

（3）社区工作者负担过重。由于相关部门之间协调不畅和技术支撑不够等问题，社区工作者的负担不仅没有得到减轻，某种程度上还被加重了。例如疫情暴发后初期，社区需要提供疫情相关数据，因为表格中的内容不断变化，导致社区工作者应接不暇，重复工作的情况严重；社区居民信息不完善、把握不准确，居住情况复杂，外来人口多，为入户调查和信息统计带来了诸多困难，也无法实现精准化排查和服务；社区信息化、智能化手段运用不够，很多社区仍然局限于手工登记和数据录入。

（4）居民的主体性作用发挥不够。虽然不少社区涌现出了一批居民志愿者，但总体上看，居民参与社区公共事务的积极性还是远远不够的。尤其是在城市社区中，居民之间的关系较为疏远，居民与社区工作者之间的联系较少。在疫情防控期间，要求社区管理者与居民沟通协作，共同治理，做好防控，这些都要求积极发挥居民的主体性。

四、社区管理智能化与人性化发展的建议

针对社区管理暴露出来的问题，我们要加以重视并积极应对。对此，笔者对推动社区管理智能化与人性化提出了以下建议。

（1）抓牢平台运营。智慧社区的创建不是单靠媒体的宣传，更关键的是在人民群众需要的时候发挥作用，因此平台运营尤为重要。通过社区管理平台，做到及时进行信息公开和更新，围绕社区居民的需要，提供切实的服务，开展形式多样的社区活动并推动奖励激励机制的建立[8]。

（2）培育居民的主体意识，提升居民自治能力。党的十九届四中全会提出要"建设人人有责、人人尽责、人人享有的社会治理共同体"。要激发居民的共同体意识，增强居民的社区感和归属感，充分发挥居民的主体性作用，促进居民有序参与社区民主协商、社区公共事务处理和社区志愿服务中来，从而真正实现居民自治。这是社区治理现代化的本质要求，也是当前我国社区管理迫切需要加强的方面。

（3）疫情得到有效控制后，更要珍视且延续居民在疫情防控期间形成的共同情感和行动力，提高居民的参与力度和共同体意识。这就需要社区工作者重视社区志愿者的管理和志愿活动的开发，使志愿者获得参与感和成就感。同时，社区要重视和居民的联系，多与居民打交道，增进社区居民之间的信任，加强社区管理人员与社区居民之间的合作。

（4）继续加强社区工作者人才队伍建设。社区工作治理现代化的顺利实现，离不开人才培养。广大社区工作者应转变工作理念，有效运用社区服务工作管理方法。目前的社区工作者还有很多非社会工作专业，并且无一定的相关知识背景，因此，要加大对专业人才的吸引、培养和激励力度，做好培训工作，提

高社区工作者的服务水平，增强其开展社区工作的能力。同时，还需加大对社区工作者的关怀，为其提供必要的工作条件；不断完善激励机制、考核机制等。

五、结论

社区管理的智能化与人性化是提升社区管理能力的必然要求。在社区服务与治理中，要注重互联网、大数据的运用，推动智慧社区、智慧城市建设，提高社区服务的效率与智能化水平；同时，要加强与社区居民的沟通协作，走近居民，了解他们内心需求，注重社区的人文精神建设。智能化与人性化相结合，二者协同发展，共同推进，能够使居民的主体意识增强，增加责任感，真正参与社区管理建设，提升居民的幸福感，从而更快更好地推动社区现代化发展。

● **参考文献**

［1］许丹萍，李晓芸. 疫情期间社区对于新冠管理防控工作的策略研究［J］. 医学食疗与健康，2021（2）：159-160.

［2］常彩云，席祖洋，李子锋，等. 新冠肺炎疫情期间封闭式管理的社区人群焦虑及心理韧性调查［J］. 海南医学，2021（1）：128-131.

［3］杨建梁，刘越男，祁天娇，等. 重大公共卫生事件中民众诉求的主题挖掘与演变透视［J］. 图书馆论坛，2021（4）：121-131.

［4］李通，胡超男. 基于智慧城市视角的社区韧性防疫体系构建［J］. 城市住宅，2020（7）：85-88.

［5］吴昊，付诚. 浅析疫情期间社区应急管理的困境和对策［J］. 公关世界，2020（14）：101-102.

［6］姜飘飘. 疫情期间农村社区网格化管理研究——以巢湖市HY社区为例［J］. 乡村科技，2020（10）：28-29.

［7］陈大鹏. 非常态危机情境下城市社区网格化治理研究[D]. 济南：山东大学，2020.

［8］夏婉，李全，张晶晶. 疫情下智慧社区管理系统构建［J］. 信息技术与信息化，2020（8）：67-70.

在线教育模式对大学生学习的影响

高新宇[*]

【摘要】在线教育的发展推动了资源共享,放大了教育的格局,一定程度上解决了教学资源分配不平衡的问题。2020年在疫情中,应教育部要求,许多高校将课程转到线上。在线教育适应时机,飞速发展,教育模式发生转变,对于刚刚摆脱"填鸭式"教育,即将迈向社会的大学生来说,教育模式的转变对他们会产生更加复杂的影响。本文从学习机会、学习需求、监督机制、大学生学习主动性、学习习惯、学习资源利用率和学习效果等角度研究在线教育模式对大学生的影响,并针对在线教育模式提出建议,为引导大众正确认识在线教育对学生的影响及促进在线教育进一步发展提供参考。

【关键词】在线教育;大学生教育;教育资源分配

一、在线教育的崛起

在线教育又称远程教育、在线学习,在现行的概念中我们一般将其理解为一种基于网络的学习行为,即以网络为介质的一种教学方式。2019年9月15日下发的《教育部等十一部门关于促进在线教育健康发展的指导意见》(教发〔2019〕11号)对在线教育进行了明确的界定。一是在线教育的技术基础是运用互联网、人工智能等现代信息技术;二是在线教育的表现形式是教学互动;三是

---

[*] 作者高新宇系临沂大学传媒学院学生。

在线教学的价值在于构建"人人皆学、处处能学、时时可学"的学习型社会。[1]教师和学生即使相隔万里也可以通过网络开展教育活动；学生也可以借助课件、网络辅导课程等随时随地学习。可以说，在线教育真正打破了时空限制，是非常方便快捷的一种学习方式。

近年来，虽然在线教育逐渐走进大众的视线，但是很多人对在线教育的了解仍十分有限。2020年受疫情影响，教育部"停课不停学"的要求使在线教育得到了快速发展。在线教育变得更加多样化。录播课、借助各类社交软件或在线办公软件进行的同步互动直播课以及教师提前在网络课程平台上选择优质学习资源，组织学生观看学习等在线教育方式，成为广大师生疫情防控期间的主要上课方式。这让更多人对在线教育有了更加深刻的认识，社会对在线教育的接受度显著提升。可以说，在线教育在新形势下，迎来了发展的春天。

二、在线教育的特点

（一）多样性

在线教育发展的基石是网络上丰富的学习资源。在传统的教育模式中，师生在一定的时间里是基本被固定的，这导致教师的教育风格和教育方式比较单调。由于教师的教学风格并不一定适用于班级内的所有学生，因此不能较好地促进班级内所有学生发展。不仅如此，学生们学习的课程及内容都是被学校统一安排好的，在对课程的选择上不能发挥学生们的自主性。而在线教育的发展正解决了这一问题。学生可以利用在线教育平台选择同一学科不同讲师的课程，从中选择自己更喜欢的教师及教学风格，达到更好的学习效果，还可以立足自己的实际学习情况和兴趣爱好在各类在线教育平台上选择自己需要或感兴趣的课程，不仅可以提升本专业的素养，而且能够涉猎其他专业领域，接受更加丰富多元的知识。

（二）共享性

随着科学技术的发展与社会的进步，在线教育得到了越来越多的认可，人们不仅愿意通过在线教育的方式来学习，也愿意将自己掌握的知识传播给更多需要的人。北大教授在直播平台上开设直播授课，让更多的人免费体验北大的课堂，赢得了网友们一致的好评。不仅如此，在线教育推动教育资源共享，有效地节约了社会成本，不仅能让学生足不出户接受来自各地的优质的教学资源，而且能够最大化地利用优秀教师资源，这也让教师们真正实现了"桃李满天下"的教育愿景。

（三）自主性

在线教育涵盖了多方面的知识，学生可以自主选择课程内容并且不受时空约束，能够充分发挥自主性。[2]在线教育不同于传统教学，学生可以通过在线课堂学习他们感兴趣的课程。学生最终的学习效果也并不依靠老师的"耳提面命"，更多的是依靠自己的学习主动性。学生们可以在这一过程中充分认识自己的不足，提高自己各方面的自主能力。

三、在线教育的优势与不足

（一）为大学生提供了更多的学习机会，帮助学生全面发展

在线教育不像传统教育一样将"教与学"局限在面授的方式上，它借助众多的、可共享的在线资源为学生们提供了更多的学习机会。在线教育给大学生提供了其他媒介所不能提供的多种多样的选择，学生可以通过搜索引擎、学习类App、网课教育平台等获取知识。不仅如此，对于教育资源较为匮乏、发展情况并不理想的大学中的大学生来说，他们原本所能接受到的教育可能会因资本、政策、师资等条件受到一定的限制。对于这类学生来说，通过在线教育可以获取更丰富的知识，拓宽自己的眼界，拉近与名校教育之间的距离。在线教育可以有效地帮助他们自我发展，自我完善。

（二）能更好地满足学生们的需求，促进学生个性化、多元化发展

在线教育的学习模式中，关键在于学生自身，他们拥有了更多的自主权，可以更加自由地选择学习内容、时间、地点、方式等。大学生们可以通过在线课程弥补自己的弱势学科，学习自己感兴趣的课程，培养自己的兴趣爱好。众多的在线课程资源能够满足不同学生的不同学习需求，学生可以根据自己的需要自主制订适合自己的学习计划，选择合适的在线课程，掌握自己的学习节奏。在线教育打破了传统教育下学生跟着老师教学进度走的学习模式，让学生能够充分发挥自己的能动性，自由选择，扬长补短，实现高效学习，促进自我发展。

(三)加剧学生两极分化，出现"优者更优，劣者更劣"的现象

1. 监督机制不完备使学生学习状态产生差距

在线教育缺乏完善的监督机制，教师很难像线下教学那样实时监督。少数学生在进行线上学习时会抱有侥幸心理，将学习设备放在一边去做其他的事情，或者用网络卡顿、设备损坏无法使用相应功能等借口躲避老师的提问。[3]教师不能很好地、及时地感知学生们的学习状态，对课堂的把握以及对学生们的监督力度变得薄弱。一些自制力较差的学生学习态度会更加懒散，形成较差的学习习惯，学习效率大大降低，相较于认真学习的学生差距会加大。在这种情况下，在线教育可能会使学生的学习效果出现"两极化"现象。

2. 学习主动性

在线教育相较于传统的线下授课方式能够更好地帮助学生获取他们所需要的知识，但也存在一定的缺陷。部分学生处在宽松的学习环境下，因为自制力差，学习的主动性和积极性有所下降，对于老师布置的作业和任务有敷衍了事或拒交等情况。老师只能通过线上上课的方式带领这一部分学生学习，即使这样也无法保证他们的学习效率。同时，由于学生们的学习主动性存在差异，最终的学习效果也不同。有的学生积极利用这个机会拓宽自己的知识面，回看老师的直播以及研究课上没有搞明白的知识点，将网络学习资源充分利用起来为自己服务。而有的学生上课时无法做到认真听讲，也没有主动学习的意愿，对自己的学业更是抱着一种得过且过的态度。长此以往，学生的学习成绩会形成两极分化。

3. 学习习惯

学习习惯是在学习过程中经过反复练习而形成的。每个人有不同的学习习惯，在线教育放大了学习习惯的影响，好的学习习惯能够帮助学生更快更好地掌握知识。比如，预习、复习、做好笔记、认真上课、按时完成课下作业、积极与老师沟通等良好的学习习惯可以帮助学生更快地将自己投入学习状态中，时时紧跟老师的思路，搞懂自己预习时所不理解的知识点，加深印象。而那些上课时将学习设备置于一边不加理会，下课时作业依赖网络搜索，笔记靠学期末一口气抄完的学生，即使在课程结束时也难以理解这门课在讲什么。线上教育让学习效果开始分化，对于那些有着良好学习习惯的学生来说，学习变得更加简单、便利、自由，能够做到事半功倍，但对于学习习惯不好的学生来说，

在线教育加大了他们完成学业的难度。

4. 学习资源利用率

大多数大学生愿意参与在线教育，但是城市、郊区的学生相比偏远地区的学生更愿意使用在线教育的方式进行学习。[4]当多数孩子享受着在线教育带给他们的快捷方便时，还有一些学生因为买不起在线学习的设备，对网络使用不熟练等原因无法充分利用网络上丰富的学习资源。经济条件的不同可能会导致学习资源利用率的不同，从而造成"优者更优，劣者更劣"的情况。

（四）不利于学生学习积极性的培养和提高

目前在线教育还不是主流的教育方式，学生与教师"面对面上课"被更多人接受。一些学生甚至认为在线学习等于没上课，缺乏参与在线学习的兴趣，影响了学习进度和学习效果。缺少了与同学们同在一个教室积极学习的氛围和学校老师的管理约束，自制力差的学生很难在家给自己创造一个良好的学习环境。在传统课堂上老师讲授，学生听课，老师还能根据学生的学习状态进行提问和交流，加强学习效果，而在线教育模式下学生往往只注重听课，对教师的互动和提问欠缺了积极参与的兴致，加上网络不稳定等因素，导致学生将课堂全程交给教师，难以做到主动思考和积极反馈课堂问题。[5]

四、在线教育给大学生带来的影响

在线教育在疫情中得到了迅速发展，一时间甚至取代了传统的教学方式，成为学校教学的主要途径。随着疫情得到有效控制，线下教学方式回归，但是由于长时间采用在线教育方式，传统教育方式也呈现明显的改变。传统教育模式与在线教育有融合的趋势，在线教育虽然不再"独占鳌头"，但仍在对学生产生一定的影响。

（一）配合传统教学方式，满足学生的多元需求

虽然学校恢复了线下教学，但在线教育仍然在学生们的学习生活中占据了一定的地位。不少同学已经适应了较为自由和多样化的学习模式，重新回到传统的课堂授课，觉得失去了学习的自由度，不能灵活安排时间和学习内容。老师可以根据学生和课程的需要，利用线上丰富的教学资源给学生做适当的引申学习和扩展，丰富课堂教学活动，创新教学内容。同时，学生也可以利用线上

学习资料对课堂知识进行补充，或是根据自己的需求和兴趣，在课余时间通过在线教育进行自我提升。

（二）弥补、解决遗留问题

对于一部分同学来说，与老师面对面的上课、交流可以更好地学习。疫情防控期间，在线上课时由于各种原因可能没有很好地理解老师所讲授的知识，下了课可以通过重播、回放老师的课程，查漏补缺。在线教育的这一特点，在一定程度上能够解决疫情防控期间出现的学生学习效果"两极分化"的问题。

不仅如此，在经过长时间的网课生活后，学生们已经适应了在线教育的学习节奏，直接回归传统教育模式，可能会不适应枯燥的教学环境，对学习产生抵触心理。因此，学校和老师应该积极引导学生进行学习方式的过渡，帮助他们重新适应传统教育教学模式，调整学习状态，学会利用线上线下两种学习资源，让自己更好更快地投入后续的学习活动中。

五、改进在线教育的方法及建议

（一）学生观念及态度

首先，学生应该端正自己的学习态度。在线教育与传统教学一样，都要求学生保持认真的学习态度，不能因为在线教育模式下，教师不能实时监督，就状态懈怠，不认真对待学习内容。学生在进行在线学习时，应做到注意力高度集中，自觉积极地投入学习活动，认真对待在线教育课堂。

其次，学生应该对自我有清晰、客观的认知。在线教育一般都是通过网络在线上进行，基本没有面对面的师生交流，课程的具体内容、学习的时长是根据学生的自主选择确定的，这就需要学生对自我有清楚、客观的认识，知道自己当下需要学习什么，怎样学习，制订符合自己实际情况的学习计划。

最后，学生应该树立正确的学习观念，对在线教育给予足够的重视。网课也是课堂，不能因为教师无法实时监督、考核方式自由化就认为在线教育不是正常的教学活动。[6]学生应该提高学习的自觉性和积极性，自我监督、自我指导、自我督促，从而能够更好地进行线上学习。

（二）教师的教学行为

首先，教师要积极加强师生互动。加强考勤，上课前要对学生进行线上点名；设立连线提问、抢答等多个教学互动环节，让更多的学生积极参与课堂活动；适当布置作业，利用考试等方式进行考核；设立奖惩制度，让学生正视在线教育的重要性。

其次，教师应在固定的时间保持在线状态，为学生答疑解惑。当学生在学习过程中遇到问题的时候，能够直接与教师进行交流。鼓励教师多与学生交流，了解他们的内心想法和精神状态，这样不仅能够优化教学效果，也能改善师生关系，帮助学生树立正确的观念。

再次，根据在线教育的特点组织教学内容。现有的在线教育资源在知识呈现、组织和促进教学方面与传统的纸质材料并不存在本质上的差异，其在线教育资源碎片化和在线教育活动便捷化两大优势尚未得到充分有效体现。[7]在具体的教学内容组织上，教师应避免简单地把教学课件、视频、作业等内容堆积在网络上，而应将教学知识点碎片化，同时注重筛选教学资源。在课件设计上要注重与学生的实时交互，不要单纯地以传统教学的课堂授课方式在网上授课，学会将在线教育的优势最大化利用。

最后，教师要不断学习，紧跟时代的潮流，保持学习的热情，充分利用网络上丰富的教学资源来辅助教学工作。改进课堂教学方式，适当放手，发挥学生的学习自主性和积极性。

（三）在线教育的改进和发展

首先，继续研发新服务。完善教师的监督机制，设立不定时打卡、不支持切屏、统计有效在线时间等系统，配合教师进行考勤活动。完善现有的考核方式，考核过程中不允许学生切换到别的页面，消除学生在网上搜索答案的可能性，这样可以使学生更加重视学习内容及学习过程，真正通过在线教育学习到一些知识，并使自身能力得到一定的发展。

其次，不断丰富教学资源，设置一定的奖励机制，鼓励高校教师、名校教师分享自己的教学经验。与此同时，还要注重资源的专业性、授课教师的水平和教育资源的更新速度，注重引导学生将课程内容应用于实际，让他们能够学有所得。需要注意的是，尽管在线教育拥有丰富的网课资源，能够在一定程度上促进教育平等，有利于教育公平，但是有些线上平台的网课资源价格昂贵，让师生们望而却步。应鼓励平台根据学生的经济承受能力制定合适的价格，尽量多地开放课程资源，对于收费课程应开设免费试听功能，让学生体验之后再选择适合自己的课程。[8]

最后，在线教育不可能永远都一枝独秀，要加强与学校的融合发展才能够走得更远更久。"教育信息化2.0"行动计划明确提出，"努力构建'互联网+'条件下的人才培养新模式、发展基于互联网的教育服务新模式"[9]。这不仅为我国教育领域创新发展指明了战略方向，也将影响和推动学校以互联网思维开展教育教学变革，进而助推在线教育的大规模、常态化应用。[10]

六、结语

在线教育是时代的产物，伴随经济和社会的发展，依托互联网科技的快速发展，在线教育被推到了风口。虽然疫情防控期间推行的线上教学加速了在线教育行业的渗透率，但我们不能只看见在线教育的优势，也要看到其存在的不足。

教育模式没有绝对的优劣之分，我们要明确教育的主体对象是谁，最终回归到"以人为本"的教育教学理念上，不论运用哪种教育方式，只要能增加学生学习的主观能动性，能够提高学习效率，改善学习效果，就值得推广。由于学生适应能力及学习习惯的不同，在线教育在他们身上产生的影响也不同。广大师生应该正视在线教育的优势及局限性，扬长避短，让这种新的教育形式能够更好地发挥作用。

在线教育的长远发展离不开与传统教学方式的深度融合。作为一种教育形式，它并非只有一时之用，我们只有正确地认识它，取其精华，与传统教育进行融合，才能助力教育更好地发展，为国家和社会培养更多的人才。

● 参考文献

[1] 董欹刚. 从在线课程到智慧课堂：在线教育发展历程与内涵研究[J]. 湖北开放职业学院学报，2021（16）：160-162.

[2] 赵菁.《在线课程对高校课程与教学的影响与挑战》[D]. 沈阳：沈阳师范大学，2015.

[3] 朱瑞，李姝璇，赵明智. 高校在线教育中教与学存在的问题及对策研究[J]. 科技风，2021（25）：64-66.

[4] 李亭羲，李芳，黄雪婷. 基于在线教育的大学生碎片化学习方式的研究——以江汉大学为例[J]. 现代交际，2019（12）：171-172.

[5] 李海丽. 疫情背景下在线教学的有效路径探究——以山西省中北大学为例[J]. 海外英语，2021（9）：108-109.

[6] 李秧.《在线课堂现状及存在问题探究》[D]. 太原：山西大学，2019.

[7] 骆乘，王秀华. 直播教学背景下的高职护生学习行为分析[J]. 卫生职业教育，2021（8）：32-34.

[8] 庞婉欣，罗琪燊，贾海营. 在线教育模式下大学生学习意愿影响研究[J]. 山西青年，2021（17）：13-14.

[9] 教育部教育信息化战略研究基地（华中）. 中国教育信息化发展报告（2017）[M]. 北京：人民教育出版社，2017.

[10] 李逢庆，史洁，尹苗. 学校在线教育的理性之维[J]. 电化教育研究，2020（8）：115-120.

新形势下
短视频平台的"危"与"机"

乔文雪*

【摘要】 2019年末，一场突如其来的疫情使社会发展遭受到巨大的冲击，也使媒介生态结构发生了新的改变。短视频行业的即时性、参与性和覆盖面广的特点正好契合了疫情下社会发展和人民需要的新形态，受到了用户的青睐，赢得了爆发式的发展，重塑了媒介生态结构。一方面，短视频在生产和传播方面有了新的变化，扩展了主流媒体的传播渠道，延展了媒体的话语空间，扩大了信息的传播范围，使短视频平台成为互联网时代的新兴媒体；另一方面，人们居家防疫，闭门不出，短视频平台的内容制作难题与成本压力越来越大，由此影响短视频的多元化发展，带来的竞争也就更加激烈，也更容易引起大众的审美疲劳。这也让我们思考，短视频能否实现持续发展？本文采用文献阅读和数据收集法，梳理短视频发展的机遇和危机，以及发展过程中暴露出来的问题，探索短视频平台发展战略，为相关从业者提供参考。

【关键词】 短视频平台；媒体化；媒介生态结构

一、问题的提出

疫情的暴发影响了各行各业，短视频平台作为新兴媒体也受到了一定的影响。疫情防控期间，随着受众对相关信息的需求激增，短视频、直播等可视化

---

* 作者乔文雪系临沂大学传媒学院学生。

内容呈现方式有效延伸了媒体的话语空间[1]，提高了新闻的传播效果[2]，短视频成为许多足不出户的民众获取外界信息的重要窗口，互联网时代的媒介生态结构也发生了新的改变。研究数据显示，2019年短视频呈现了爆发式的增长，获得了持续发展，拥有了6亿多用户，而截至2020年6月，我国短视频平台的用户规模已经达到81786万人，使用率高达87%，2019年我国短视频行业规模已经达到了1302.4亿元，2020年更是高达1408.3亿元。

短视频内容制作难题与内容制作成本的提高使短视频的发展后劲被削减。短视频平台的人口增长红利期已过，短视频也从增量变成存量，随着短视频平台的行业链日渐完善和商业变现模式不断拓展，内容创作的生态环境也日渐激烈，短视频平台的发展遇到了瓶颈期。从自媒体平台到专业媒体平台的跨度给短视频平台的发展带来了更大的挑战。

二、短视频平台发展的新机遇

（一）短视频覆盖面更广

疫情防控期间，受益于较快的无线网络及更低的数据消费，短视频迅速普及。无论是普通老百姓还是社会各领域的精英，上至银发老人，下至学语儿童，纷纷涌入短视频平台。一方面，短视频能便捷、及时地获取有关疫情的最新状况；另一方面，短视频平台为居家防疫的人们提供了消遣方式。

短视频与文字和图片相比，具有更大的优势，短视频可以传播即时直观的内容和消息，甚至可以实现碎片化的信息传播[3]，容易使人理解和接受，尤其是对老年人来说更为直接有效。他们可以通过短视频跨越知识的鸿沟去了解社会。很多老年人是主动了解和学习短视频，而一些年轻人在居家状态下，有了更多时间，也开始手把手教家里的老人玩起了短视频。短视频在年轻人之中普及之后，覆盖面蔓延到了"银发群体"。大量中老年人成为短视频新增用户，短视频实现用户群体全年龄覆盖的可能性更大，实现速度也将更快。

（二）主流媒体入驻给短视频带来更多流量

移动互联网下的媒体格局和媒介生态结构发生了新的变化。主流媒体虽然一直发挥着新闻传播的重要作用，但也暴露出了其反应速度慢、用户覆盖面窄的短板。主流媒体大都有一套严格缜密的新闻采编发机制，这在最大程度上保证了新闻信息的真实有效，但这种严密的制度限制了主流媒体的发声速度，造成了主流媒体传播被动的局面。在此背景下，主流媒体入驻短视频无疑是弥补了这种短板，能够借力短视频平台提升传播力[4]。

主流媒体经常能够拿到第一手素材，使自己拍摄的短视频得到很好的传播效果。因受众基础好、信誉好和独家资源多，强化了短视频即时直观、受众覆盖面广的优势，增加了主流媒体的用户黏性。主流媒体的入驻给短视频平台带来了发展机遇，丰富了短视频的内容含量和质量。

（三）替代性视频需求直线上升

疫情防控期间，"停课不停学"和线上办公使替代性视频的需求量直线上升。人们居家学习和居家办公所需要的知识和技能，无法通过线下的学习来获取，因此，在线学习视频和相关的科普视频应运而生。一些短视频平台上出现了专业教师录播的学习视频，此类视频成为学生课堂学习的替代品；一些娱乐性的视频则可以代替线下娱乐活动，比如用短视频平台中的影视观看功能替代线下影院观看活动，用短视频平台中的明星号替代线下的明星见面活动等。

这种替代性视频的出现一方面促进了短视频内容的多样化，满足了用户群体的个性化需求；另一方面也增加了用户量和用户黏性，让用户对短视频平台的依赖性更高。替代性视频促进了短视频平台的发展，成为平台发展的机遇。

（四）营销环境和消费环境改变

部分商家和品牌抓住了视频直播卖货这一机遇，依靠短视频平台直播抓住消费者，发掘新的销售渠道。这种新的销售方式不仅对商家来说是一种机遇，也为短视频平台带来了新的发展机会。很多平台迅速制定对策，顺应消费者需求。如抖音推出了"线上不打烊"活动，面向全国线下商家推出3亿流量扶持，通过线上团购预售和线上直播分享商品两大方式，帮助商家开辟线上推广渠道。因此，短视频平台拥有了新的营销环境，依靠直播带货或者视频流量博主植入广告实现新营收，短视频平台的收益快速增长；而短视频用户也发现了除淘宝、京东之外的新的消费环境，在娱乐的同时满足了消费欲望。营销环境和消费环境的改变给短视频平台的发展带来一大助力，帮助短视频平台加速流量变现的速度，创造出新的营收，扩展了新的发展渠道。

（五）短视频平台的电商直播模式发展势头迅猛

疫情防控期间，不便出门的人们纷纷将消费需求和消费欲望转移到了线上，网购成为人们日常消费的首选。短视频平台上的电商直播间带货短视频刺激了人们的消费欲望，也承接了部分民众的消费需求。部分品牌和实体店受疫情影响无法进行线下的营销活动，转而把营销活动转到网络，在电商渠道投入了更多成本，这也为短视频平台带来了更大的流量，成为短视频平台发展的助力。

三、短视频平台发展所面临的挑战

（一）短视频内容制作难度提高

因延迟复工、居家办公的影响，短视频平台内容制作的难度不断提高，不少MCN（全称为Multi-Channel Network，网红孵化中心，是专业培养和扶持网红达人的经纪公司或者机构）遭到了重大的冲击，PGC（专业生产内容）类视频长线内容供应不足，UGC（用户原创内容）类视频管理审核遭遇压力。MCN机构产出短视频的内容创作主要以团队化创作为主，更多地依赖于线下场景拍摄，个人简单操作拍摄的视频可能无法维持高质量的内容输出。所以尽管短视频不断出现多样化的内容，包括但不限于新闻信息类、知识科普类、娱乐休闲类等，但是同一种类的视频内容同质化[5]越来越严重，许多MCN机构不敢冒险使用这类视频，导致许多账号断更，短视频流量降低，流量降低又会导致视频创作者的低迷甚至放弃制作短视频。这就会造成"观看短视频的人越来越多，但是制作短视频的人越来越少"，形成了一个恶性循环，会对短视频平台的发展产生极大的挑战。

（二）短视频内容制作成本上升

短视频的发展不是靠同类内容的无限量输出，而是靠持续性的精品内容和具有创新性的内容创作能力。如抖音，从一开始的以颜值、才艺为竞争点到以剧情、搞笑为竞争点，再到现在的以剪辑质量、创作手法等为竞争点，表现出对短视频内容制作质量的高要求。可以说，短视频发展到如今，已经从休闲娱乐的工具转变为专业技能比拼的赛道，短视频内容创作者以优化改良或另辟蹊径的方式不断创新视频内容，这就使短视频的内容和质量不断精进，创作者想在竞争激烈的短视频领域夺得一席之地，在无法外出取景的情况下，只能苦心竭力地提升视频质量，短视频的内容制作成本不断升高。

（三）广告市场低迷，营收问题出现

变现是短视频创作的一个重要落脚点，不同的MCN机构有不一样的变现渠道，有些靠直播，有些靠带货，还有一些则是靠投放广告。受疫情的影响广告市场比较低迷，在短视频平台投放的广告投放要么延期，要么缩减预算，使依靠投放广告变现的MCN机构遭受重创，也影响到短视频平台的发展。而高度依赖供应链和物流的短视频带货，也遭遇了困境。在一些疫情严重的地区，快递甚至被暂停，无法正常运转。由于工人停工居家，供应商也无法保证货源充足。供应链条断裂，生产和运输无法保证，短视频平台的带货能力再强也无济于事，由此带来的营收问题不容忽视。

四、促进短视频平台持续发展的可行举措

（一）调整短视频内容，促进内容精细化

不论在什么时期，"内容为王"的法则是不会变的，这也是短视频平台必须坚持的理念。内容是短视频的核心竞争力。在短视频出现之初，它的功能只是满足公众的娱乐需求，但短视频发展到现在，仅靠娱乐内容已经不足以支撑它的发展了。在短视频发展前期的那一批创作者，由于内容缺乏创新，很多已经被淘汰。在生产量倍增，用户个性化和多样化要求越来越高的新形势下，要想充分凸显自身的优势，必须在内容的质量、深度、广度和表现形式上下功夫，这就要求短视频创作者必须具备持续输出优质内容的能力和创新意识，才能在竞争力如此之大的平台脱颖而出。短视频平台只有不断输出高质量、有创新性的内容，才能最大程度地吸引受众，才能为自身的发展注入源源不断的活力。

（二）促进短视频媒体化，增强专业性发展

在发展之初，短视频平台属于大众分享生活的平台，但疫情的出现，使相关的新闻和报道成为用户刚需。可以说，疫情促使短视频平台从过去的侧重于娱乐性内容到出现了新闻相关内容，形成了短视频新闻[6]这一新形式。这种顺应形势的转变，使短视频平台的用户量大大增加，也让短视频以其即时性的优势和专业新闻媒体的优势相结合，实现了新突破。

《人民日报》、新华社等专业新闻媒体纷纷入驻短视频平台，拓宽了短视频平台的发展渠道，强化了短视频平台新闻内容的权威性和真实性，巩固了短

视频平台的后续发展。

（三）发掘跨界新应用，促进融合发展

随着短视频内容的多样化和高质化，我们看到了短视频平台的多种新应用场景。"短视频+教育""短视频+演艺""短视频+影视""短视频+直播"和"短视频+文化"的发展模式，开通了短视频平台发展的新渠道。[7]此类"短视频+"的模式让人们在居家隔离期间可以实现学习办公，也能够得到娱乐。各种场景应用与短视频平台的融合发展，一方面使短视频平台可以持续输出多元化的优质内容，满足受众的个性化和多样化需求，增强了短视频平台的用户使用黏性；另一方面也为平台开拓了新的商业渠道，创造了除广告和带货之外新的营收方式，扩展了短视频发展的多个领域，为短视频平台的持续发展注入了新的活力。

（四）创新营销方法，发掘新营收增长点

近两年商业化变现成为短视频平台发展的重心。MCN机构不再使用单一的营销渠道，而是尽可能多地实现多渠道、多方式的营销，借助良好的传播宣传、营销手段开拓市场，通过商业化运营获取盈利途径，缩短变现链条。[8]

短视频平台开始和企业与专业媒体合作，使用"短视频+"的模式去营销，实现官方场域和私人场域的结合，这不仅可以占领更多的营销领域，壮大短视频发展规模，还可以创造新的营销点，为后续发展寻求经济方面的支持。

（五）积极承担社会责任，让"大流量"澎湃正能量

如今短视频平台已成为最热门的媒体平台，并且有着极大的信息承载能力和雄厚的用户基础[9]。短视频平台对于抗疫事件的报道是承担社会责任的一种表现，遗憾的是，由于短视频平台内容制作的低门槛以及监督力度不到位，就给负面舆论、假新闻和不实信息一个蔓延的空间，在疫情初期，出现了传播乱象与传播问题。[10]

短视频平台很快纠正了这一现象，出台措施鼓励内容创作者不断发布科普知识相关视频，吸引主流媒体进驻平台，引导舆论走向正确的方向，这是积极承担社会责任的一种表现。平台的这些举措让用户对平台更加信任，提高了用户黏性，树立了良好、正面的形象，展现出社会价值，以流量发展带动能量传播。短视频平台的影响力与日俱增，加强对社会责任的承担和履行是社会的要求，也是自身可持续发展的保证。

五、结语

疫情对短视频平台来说是一把"双刃剑",一方面,它为短视频平台的发展提供了一定的机遇,使我们进入了"眼球经济时代"[11];另一方面,它对短视频平台的商业发展也产生了一定的消极影响,要看到内容的同质化、营销问题的出现和技术手段的落后在拖累着短视频平台的发展。探究短视频平台发展的机遇与危机,对于其长远发展来说具有重要意义。

● 参考文献

[1]丁芳.《辽宁日报》"抗疫"短视频传播内容与效果研究[D].大连:大连理工大学,2021.

[2]季诗蕙.新冠疫情下抖音新闻短视频传播效能研究[D].烟台:烟台大学,2021.

[3]杨扬.人民日报在抖音短视频平台的运营策略研究[D].保定:河北大学,2020.

[4]翟长杰.融媒时代主流媒体如何借力短视频提升传播力[J].新闻前哨,2021(10):35-36.

[5]李慧.使用与满足理论视域下的短视频价值探究[D].上海:上海师范大学,2021.

[6]胡然.新媒体视域下短视频新闻制作研究[J].视听界,2021(5):118-121.

[7]谭天.媒体融合的发展、认识、创新与攻坚[J].媒体融合新观察,2021(4):9-13.

[8]景超平.移动短视频的运营策略分析——以抖音短视频为例[J].新闻研究导刊,2019(18).

[9]焦楷雯.国内短视频平台社会责任研究[D].呼和浩特:内蒙古大学,2020.

[10]何秋瑶.浅析我国移动短视频制作平台在公共传播中的社会责任——以"抖音短视频"为例[J].传播力研究,2019(3).

[11]肖剑.疫情下的媒体融合与变革思考[J].大数据时代,2020(4).

粉丝经济的发展趋势及多元影响

薛嘉欣[*]

【摘要】本文采用文献阅读、内容分析法和案例研究法,阐释粉丝经济的定义和分类,分析粉丝经济的发展历程和发展趋势,总结外界因素给粉丝经济带来的利弊,为规范发展粉丝经济提供了借鉴。

【关键词】粉丝经济;IP 经济;偶像崇拜

2020 年上半年两档女团选秀节目《青春有你 2》《创造营 2020》大热,让主办方赚得盆满钵满。与以往的男团选秀类节目相比,这两个节目的内容形式与模式机制没有发生太大的变化。《青春有你 2》的录制几乎未受到疫情影响,因而比之后录制的《创造营 2020》更具优势。《青春有你 2》在 2020 年 3 月中旬开播,抢占了播出先机,成功造势,收视群体基数大,因而爆火。

事实上,疫情给粉丝经济带来了多元影响,有机遇也有挑战。一方面,人们因疫情防控需要不得不居家隔离,枯燥的生活使他们的精神文化需求更加强烈,客观上助推了选秀节目的大热,刺激了粉丝经济的发展,引发了一波集资、打投潮,使粉丝经济蓬勃发展;另一方面,选秀节目因逐利的不良风气和缺乏规范约束,出现了"粉丝为偶像打榜倒牛奶,只要瓶盖不要奶""某粉丝一年集资上亿元"等荒诞现象,引发相关部门的重视和整治,一定程度上对粉丝经济造成了冲击。

---

[*] 作者薛嘉欣系临沂大学传媒学院学生。

一、粉丝经济的定义、分类及发展历程、发展趋势

（一）粉丝经济的定义

粉丝经济泛指架构在粉丝和被关注者关系之上的经营性创收行为，是一种通过提升用户黏性并以口碑营销形式获取经济利益与社会效益的商业运作模式。中国台湾作家张嫱在《粉丝力量大》一书中将粉丝经济定义为："以情绪资本为核心，以粉丝社区为营销手段增值情绪资本，并以消费者为主角、主导，从情感出发，通过企业借力使力，达到品牌与偶像增值情绪资本为目的的一种经济形式。"[1]

其实，粉丝经济并不是近现代的专有名词，它自古以来就存在。当今社会，得益于人们收入的增加，消费水平的提高和科技、互联网的发展，粉丝的消费方式比之前更加多样化、复杂化。比如，喜欢看电影的人，不仅能买 2D、3D、IMAX 等不同类型的电影票，能包场支持偶像的作品，还可以购买琳琅满目的电影周边产品供自己收集和珍藏；爱好听音乐的人，既可以购买实体专辑和数字专辑，又可以去参加演唱会、新歌发布会和 livehouse，线上线下融合消费；热爱追剧的人，不但能给偶像贡献收视率，还可以通过超前点播、购买视频网站会员和影视周边产品等方式，持续为偶像的作品买单。以上这些，都是粉丝经济的具象化，也就是通俗意义上的粉丝经济。[2]

（二）粉丝经济的分类

1. 明星经济

明星经济可以被归纳概括为一种以偶像为核心的经济模式。明星经济是传统媒介时代粉丝经济的典型模式，它既承接了"明星产品—粉丝消费"的单向链式关系，又在媒介融合的大背景下实现了跨越不同领域的整合与联动。以前，粉丝经济中的被关注者一般是明星、演员、行业名人，如今随着互联网和大众媒介的飞速发展，受粉丝追捧的对象范围扩展到各行各业，包括但不限于歌手、偶像、模特、网红等。

粉丝会对其崇拜的明星在精神和心理层面进行付出，如在各个社交平台上对偶像进行夸赞、鼓励和推荐，为偶像塑造正向形象。此外，明星经济还体现在消费层面的巨大投入上。通常，粉丝会通过消费行为来支持自己的偶像，他们热衷于购买与明星相关的产品来表达自己的喜爱之情。例如，某知名歌手发

布了一张售价 3 元的数字专辑，有乐迷一个人就购买了几十甚至上百份。可见，明星经济能带动粉丝消费。

2. IP 经济

IP 经济的基本架构是"内容产品—粉丝消费"，与粉丝经济类似。但 IP 模式的"内容"更加多元化，通常是明星、故事、概念乃至情感等多种元素的综合体。例如，浙江卫视大热的《奔跑吧，兄弟》节目，就包含了明星人物、剧本故事、体育竞技、嘉宾互动、"奔跑"精神等，节目的吸引力和竞争力正是通过这些元素的结合而形成和展现的。

近年来，IP 经济在文化产业领域大行其道。"IP"原指知识产权，它既可以是一部作品，一个概念，也可以是一个角色。总而言之，IP 经济的核心是内容，被内容吸引来的粉丝则是 IP 经济的关键。例如，一些著名的青春小说都是典型的大 IP，它们能够从文学作品转变为影视作品，成功变现并获得高额收益的原因，不仅在于内容，更在于作者通过长期写作和个人魅力积累的一大批忠实粉丝。IP 大热，除了作品本身起作用之外，更重要的是作品背后的粉丝助力，他们是 IP 经济的潜在消费客户，为 IP 热潮奠定了坚实的基础。[3]

3. 多元的商业合作方式

在社会化网络构建的传播生态中，粉丝开始全方位地参与文化产业链，一种以粉丝社群为核心的新型商业模式正在崭露头角。这种商业模式，在业内被称为"社群经济"。

近年来，这种经济模式打破壁垒，逐渐渗透到服饰、餐饮等传统产业领域，成为推动产业变革的关键力量。比如，拥有一大批忠实粉丝的苹果手机以其独创性的生产—营销模式顺利打入市场，收获大批"果粉"的支持，销量一路居高不下；很多名人开的火锅店因其店主自带流量和知名度，引得众人慕名去尝鲜，还收获了一批以名人粉丝为基础的"回头客"；某时尚达人创建个人服装品牌，并邀请明星带货，这也是粉丝经济的一种体现。此外，自媒体品牌凭借一定规模的粉丝社群能够发展出各种新型的经济合作模式，植根于微信公众号、知识类脱口秀节目和知识服务 App 等多个平台，成为移动互联网知识付费领域的成功案例。

（三）粉丝经济的发展历程

"粉丝经济"随着湖南台 2004 年一档选秀节目《超级女声》的推出而在中

国崭露头角，其后进入快速发展时期。《超级女声》捧红一众明星，缔造了一大批黏度高、影响力大的新生代粉丝，让"粉丝"变成某一特定社会群体的标志，一些观察者也认为这时候中国正式出现了"粉丝经济"。

《青春有你2》是2020年很多人心中重要的集体记忆。在偶像养成节目密集且同质化严重的背景下，它能够对受众产生持续的吸引力并屡屡"破圈"，首先得益于它的播出时间。2020年初暴发的新型冠状病毒肺炎疫情使许多人被迫减少外出，枯燥的生活中人们需要打发时间，娱乐自我，这个提出"全民制作人"概念的偶像养成类节目正好契合了观众通过娱乐解压的心态。这个节目对观众来说参与感极强，因此一经播出就收视火爆，话题连连，热度居高不下。而该节目的热播又反过来刺激了粉丝经济的发展，引发了一波"集资打投"潮。为了支持自己心仪的选手，粉丝们不仅投免费票，还花钱购买爱奇艺会员，从而可以投更多的票，甚至去一些平台参与集资，成箱购买节目中赞助商冠名的商品，为偶像投票。此后一段时间，依靠粉丝经济赚钱的商家利润大增，粉丝经济也成为一块人人争抢的"香饽饽"，发展形势一片大好，各种选秀节目的备案层出不穷。

然而，一年后有选秀节目因其过于逐利，集资攀比的不良风气和缺乏规范和约束，出现了"粉丝为偶像打榜买牛奶，只要瓶盖不要奶"的荒诞现象。[4]这一现象发生后，迅速引起相关部门的重视和整顿，许多媒体和网友痛批这一疯狂而又浪费食物的现象。这件事引发的连锁反应，在一定程度上对粉丝经济，尤其是选秀经济造成了冲击。

（四）粉丝经济的发展趋势

选秀热潮、电商带货潮和直播热潮等带动粉丝经济飞速发展，但因缺乏规范，粉丝经济有过度发展甚至逐步走向极端化的趋势。部分资本为牟取自身利益，不惜诱导粉丝群体无底线追星，部分青少年缺乏辨别是非的能力和自控力，追星追到头脑发热，往往会陷入一种疯狂的境地。一方面，一些粉丝会因为攀比心理做出一些承受能力之外的事。比如，有粉丝为了支持自己偶像代言的商品，在父母不知道的情况下，刷父母的银行卡进行消费。还有一些人因电商主播能说会道而成为其粉丝，出于对主播的迷恋和直播间低廉的价格，购买一些无用的商品，"剁手"消费一时爽，过后则懊悔不已。另一方面，当"饭圈思维"渗透青少年群体，会潜移默化地影响他们的行为。这时，粉丝抱团、造谣污蔑、互相拉踩、网络暴力的现象就会出现,部分尚未形成正确价值观的粉丝还会故意制造话题,意图挑起对立、干扰舆论。甚至部分粉丝参与非法集资,买水军打榜和做数据,做出围堵明星、干涉明星私生活等疯狂行为,这都是粉丝经济极端化发展的体现。[5]

近年来,主流媒体诸如央视新闻、《人民日报》《中国青年报》等多次就畸形的"饭圈"文化和粉丝经济导致的乱象发声。可见,粉丝经济乱象已成为当下最受关注的社会现象之一。目前,整顿饭圈乱象已成为保障清朗网络生态至关重要的一环。

随着粉丝自我意识的觉醒、官方的介入和整治政策的出台和实施,在相关部门多管齐下,清除"资本"毒瘤和"饭圈"顽疾之后,粉丝经济一定会逐步规范化、理性化,粉丝经济也一定会走上稳定发展、健康发展的常态化道路。

二、粉丝经济的积极影响

(一)商业盈利模式多元化

疫情防控期间,人们出门的频率降低,在枯燥生活中需要娱乐自己来打发时间,这客观上促进了选秀类综艺节目的爆火,刺激了粉丝经济的发展。同理,隔离在家的人们空闲时间增多,导致追剧、打游戏、直播等娱乐需求激增,因此许多视频软件、游戏公司、短视频平台等也获得了比往年更多的利润。此外,受疫情影响,人们外出购物的频率有所下降,许多人更倾向于网购,这给电商和直播带货带来较大的机遇。许多头部主播都搭上了这趟电商直播的顺风车,收入赶超明星,身价一时暴涨,整个电商行业的发展势头一片大好。由此可见,疫情间接地推动了商业发展,促进了粉丝经济盈利模式多元化。[6]

(二)助力社会公益事业

为提升偶像的社会地位和影响力,粉丝应援文化多种多样,其中也包括公益应援。粉丝把会对单个偶像明星的忠诚与喜爱通过社会公益事业推及更多的人。疫情暴发以来,许多粉丝群体都参与了支援灾区的公益活动,他们把偶像的小爱转化为大爱,和偶像一起热心公益,尽自己所能,身体力行地帮助受困于疫情的同胞。

FUNJI记录的粉丝抗疫数据显示,截至2020年2月20日,粉丝团体共向各地、各机构和单位捐款683万余元。包括227位艺人主体的506家粉丝后援会、个站或其他组织，一共达成了1869条爱心记录。[7]粉丝通过粉丝团体，借助粉丝经济的形式，把众多爱心凝聚在一起，形成强大的力量，让人看到粉丝经济带来的正能量。

粉丝紧跟自己偶像的步伐，将筹集到的钱和物资捐往抗疫一线，客观上为国家、社会和他人做出了贡献。还有部分粉丝发挥自己的光和热，有的作为医护工作者前往武汉治病救人，有的做社区志愿者协同抗疫，直接或间接地参与并促进了社会公益事业的发展，为全民战疫贡献了自己的一份力量。

三、粉丝经济的消极影响

（一）"偶像"过度依赖粉丝，不思进取，实力下降

值得警惕的是，一些经纪公司、商家正在利用粉丝心理"圈钱"。随着选秀和直播的盛行，商家利用偶像"割韭菜"的行为大批出现：一款麦片本来价格平平，请来当红艺人代言后就仿佛镀了金一般，价格比以往翻了几番，甚至还出现同款商品偶像代言的购买链接与普通购买链接价格差距甚大的荒谬现象。与此相似，还有很多美妆产品、衣物鞋帽、电子产品等，都因请偶像代言做推广而"身价倍增"。粉丝一味付出时间、金钱和精力，为偶像打榜投票应援买单，给足偶像"排面"，却甚少要求回报。在这种只求付出不求回报的行为模式里，粉丝像溺爱孩子的家长一样，不管偶像做什么都支持，偶像代言什么都掏钱，这无疑是病态的。长此以往，部分偶像会沉溺于舒适区，形成"不管我努不努力，粉丝都会支持我"的错误观念，变得不思进取，只想赚快钱消耗自己，最终沦为头脑空空、实力平平的花瓶。如果每个艺人都想赚快钱，不好好精进自己的实力，那么德不配位的"偶像"会越来越多。最后，大环境就会变得风气不正，形成"劣币驱逐良币"的乱象，娱乐圈和各种圈子里会充斥着这种没有实力的"偶像"。

不管是什么"偶像"，作品和实力永远是最重要的。长江后浪推前浪，如果"前浪"故步自封，凭借名气扬扬得意，不发展自己的核心竞争力，最终只能被"后浪"拍倒在沙滩上。不会有人记得偶像曾经带了多少货，只有实力才是底气。

（二）对青少年群体造成不良影响

青少年正处在"三观"形成阶段，他们对事物的认识还不全面，也缺少对粉圈文化和粉丝经济的辨别力。他们眼里的偶像光鲜亮丽，一件小事都能上热搜，受关注度极高，因此，他们对偶像的认识会被"光环效应"迷惑，认为偶像是完美无瑕的，对偶像盲目崇拜，"脑残粉"正是这样出现的。有些青少年为了可以远远地看一眼偶像，不计成本，花费无数，从未想过自己没有独立的经济来源，只一味拿着父母家人辛苦赚来的钱肆意挥霍。此外，盲目追星还会分散青少年的精力，导致他们成绩下降，影响其学业甚至一生的发展。

部分青少年看到台前妆容精致、衣着华丽、万人簇拥的偶像，盲目模仿，一心想着当明星赚大钱，职业观、价值观被扭曲，失去了努力奋斗的精神，试图不劳而获，导致越来越多的青少年丧失自我，形成"努力无用，颜值至上，流量至上"的错误观念，非常不利于青少年正确"三观"的形成和心理层面的健康成长。

此外，粉丝经济的发展还会导致粉圈思维的大规模扩散。受这种思维影响，部分青少年可能会陷入对偶像的偏执中，容易发展成自恋和自私的人格。他们会做出一些疯狂的举动，如为了偶像造谣、诽谤偶像的竞争对手，对批评自己偶像的人进行网络暴力和人身攻击等，这些都会对网络生态造成恶劣的影响。

（三）出现大批不合格商品，破坏市场秩序

从某种程度上说，粉丝经济就是粉丝通过购买偶像代言的商品来响应偶像的"广告号召力"，粉丝的这种购买行为往往会超出自己的需求或经济承受范围。于是商人们看到可乘之机，开始一波又一波地"割韭菜"。即使生产质量不过关，也找明星来代言，借粉丝的这种购买力来牟利。这实际上也是对市场秩序的破坏。

（四）粉丝热情下降，粉丝经济自身发展模式陷入困境

虽然短期内能促进大批粉丝为自己喜欢的偶像集资、打榜、做数据，但粉丝的热情毕竟有限，如果只付出得不到理想的回报，粉丝会感到身心俱疲，不愿意再继续投入。因此，从可持续发展的角度看，如果偶像和商家过度依赖粉丝经济的模式"割韭菜"、赚快钱，最终会使粉丝经济的发展陷入停滞的窘境。

四、对策

综上所述,我们可以看到,粉丝经济的发展有利有弊。要想发挥粉丝经济的积极影响,减轻乃至避免它的消极影响,就要从以下几个方面入手。

(一) 偶像明星要增强自我约束力

偶像能对粉丝起到一定的示范带头作用。优秀的偶像能给粉丝做出榜样,激励粉丝努力提升自我,缩小与偶像之间的距离。反之,不良偶像也会引起粉丝的模仿。比如,部分未成年粉丝看到"哥哥姐姐"抽烟、喝酒的样子觉得很酷,可能会产生好奇心,甚至去尝试。因此,明星们应该加强对自身行为的约束,在日常生活和工作中都要严于律己,增强道德感和社会责任感,树立良好的社会形象,给广大粉丝起到榜样和表率的作用。

(二) 粉丝群体要树立正确的追星观和消费观

随着时代的发展,粉丝经济的内涵不断变化,它的外延也不断更新。虽然粉丝消费的方式变多,但消费之前一定要考虑清楚,不要头脑发热。粉丝群体要用正确、理智的眼光去看待偶像,要理智追星,消费时量力而行,在自己的经济承受范围之内支持偶像的事业。

(三) 企业要从粉丝需求出发,提质降价,积极创新

企业要想使粉丝保持消费热情,首先要转变观念。粉丝也是消费者,渴望购买到质优价廉的产品。他们虽会为偶像代言的商品买单,但热情终究是有限的,如果商品质量不佳、价格昂贵又不实用,那么即使是偶像代言,粉丝也不会一直买单。因此,企业要想盈利就要积极创新,主动迎合市场和消费者——粉丝群体的需求,从产品本身出发,注重产品品质的提升,不能只想着靠名人代言来卖货。

(四) 有关部门要加强网络监管

"饭圈"乱象包括粉丝抱团进行造谣诽谤、人身攻击等。随着社交媒体平台的发展,粉丝群体之间的交流大部分都是通过网络进行的,许多"饭圈"恶意发布的谣言和流言也可以通过网络进行传播。因此,要治理粉丝经济就要加强网络舆情监控,合理控制网络舆论。有关部门要健全网络舆情相关的法律法规,推动相关规章制度和有关政策的制定与实施。网络管理人员也要发挥主体作用,看到会误导人的"粉圈"不良信息要及时删除,防止其扩散和传播,使粉丝经

济稳健发展。

总之，虽然粉丝经济具有多重影响，但只要各方不断努力，发挥积极影响，减轻或克服消极影响，粉丝经济的发展一定会更加规范，走上稳步发展的常态化道路。

● 参考文献

［1］张嫱. 粉丝力量大［M］. 北京：中国人民大学出版社，2010：3.

［2］蔡骐. 社会化网络时代的粉丝经济模式［J］. 中国青年研究，2015（11）：5-11.

［3］陈庆婷. 媒介环境下中国粉丝文化的变迁及其演变规律研究［D］. 兰州：兰州大学，2015.

［4］刁静严. "饭圈"乱象怎么治［N］. 中国城市报，2021-08-16.

［5］严徽. 饭圈治理刻不容缓［N］. 文艺报，2021-08-11.

［6］林小桢. 浅析粉丝经济的发展［J］. 时代金融，2015（3）：8-9.

［7］李康化. 粉丝消费与粉丝经济的建构［J］. 河南社会科学，2016（7）：72-78.

对"直播+电商"商品销售模式的分析研究

张毓琴[*]

【摘要】 电商直播的商品种类呈现多元化的特点，各路网红、明星甚至政府官员也加入了直播带货的阵营，为电商直播注入了新鲜活力。研究发现，在"直播+电商"商品模式发展的同时，也暴露出了许多问题。采用文献阅读和案例研究法，梳理"直播+电商"商品销售模式的发展过程、创新之处以及发展过程中所暴露出来的问题，探索适合电商直播行业的发展策略，建设更为健康的电商直播产业，为从业人员提供借鉴和经验教训。

【关键词】 直播；电商；大众消费

一、"直播+电商"商品销售模式及其发展历程

直播电商指的是以直播为渠道来达到营销商品目的的商业销售模式，它是数字化背景下直播与电商双向融合的产物。电商直播以直播为手段重构"人、货、场"三要素，但其实质仍然是电商。网络直播平台打破了传统媒体对广告的依赖，2019年，"直播+电商"逐渐成为网络流量变现最快的途径之一。[1]

"直播+电商"商品销售模式主要有三种类型。一是电商直播模式，指在电商平台上直接接入直播功能，商家可以进行直播带货。例如我们熟悉的京东和淘宝直播就属于这一类型。二是短视频直播模式，指短视频平台借助商品链

---

[*] 作者张毓琴系临沂大学传媒学院学生。

接与电商平台建立联系，常见的快手、抖音直播的一部分就是借助平台进行直播，但消费者真正的购买渠道仍是电商平台。三是直播电商模式，就是以直播为主打的内容电商平台。

相比传统电商模式，"直播+电商"的商品销售模式拥有更大的优势。传统电商主要是通过图片展示和文字描述来向用户提供商品信息，有时还存在实物与图片不符等问题。在"直播+电商"的商品销售模式下，商家会将产品进行全方位的展示，通过与消费者的实时沟通来满足消费者的要求，为用户营造身临其境的购物体验。商家还会利用一定的营销策略与产品的优势相结合，获得消费者的信任，推动他们购买产品。许多消费者因为信任主播，会反复多次在同一直播间购买商品，增强了消费者黏性，提高了购买率。

"直播+电商"的商品销售模式发展历程可以分为三个阶段。2016年，最早开启"电商+直播"业务的平台是蘑菇街，同年4月，淘宝直播功能上线，并在随后推出独立的"淘宝直播"App。[2]接着京东、苏宁等传统电商平台也开始尝试直播带货，走上了"电商+直播"的商品销售之路。这一新颖模式吸引了一批用户，使他们体验到了通过直播购物的便捷。

而后，传统的电商平台继续发展，逐渐形成一个完整的体系；快手和抖音等短视频平台也开始尝试直播带货，吸引了一大批主播进入直播带货行业。

2020年，"直播+电商"模式更是有了突飞猛进的发展。淘宝直播进一步发展，快手也成为仅次于淘宝的直播电商平台；很多明星、"网红"也加入了直播大军，依靠自身的影响力，吸引大量的粉丝购买商品；一些地方官员也加入了直播，通过为当地的土特产"背书"，带动当地农产品销售，帮助农民增收；拼多多、小红书、知乎等平台也增加了直播商城功能。网络直播逐渐进入专业带货模式，专业直播团队以运作公司的形式从事流水线式的网络直播带货，辐射范围更广，团队或公司分工明确，运营脚本趋向成熟。

在2020年召开的直播电商产业云狐论坛上，网经社电子商务研究中心发布了《2020年（上）中国直播电商数据报告》（以下简称《报告》）。[3]数据显示，2020年上半年，直播电商交易规模达4561.2亿元。2017—2019年，国内直播电商市场交易规模分别为：196.4亿元、1354.1亿元、4437.5亿元。其中，2018年增长率高达589.46%，2019年增长率227.7%，2020年增长率预计为118.86%，依旧保持三位数的增速。

二、"直播+电商"商品销售模式火爆的原因

（一）互联网技术的发展

随着技术创新与应用周期持续缩短，当下传媒经济发展进入新业态不断涌现的"加速"时期。[4]随着5G技术的发展，互联网的网速有了质的提升，5G的速度对于4G大约是8～10倍的提高，这也就意味着5G的直播画面延时时间基本可以忽略不计，真正实现实时互动。网络速度快、延时少，能够满足社交实时互动的需求，为网络直播带货提供了技术支持。网友们可以足不出户，通过网络的连接，在家里进行购物。同时，5G画质也更清晰，给用户带来更好的视觉体验，可以更加形象清晰地感受产品的真实质量。

更重要的是，在5G的网络环境下，很多人依靠一部手机就可以完成直播带货，这也吸引了更多的人加入网络直播带货行业，拉开了"全民直播"的帷幕。人数的增多扩大了直播行业的规模，进而促进了电商直播行业的发展。

（二）大众消费习惯的改变

短视频发展迅速，人们常常将碎片化的时间用来刷短视频，依托短视频平台的直播带货也进入了消费者的视野。看直播不仅可以打发时间，还能够满足消费者消费的需要。因此，这种突破时间、空间的购物方式获得了大众的青睐。

疫情防控期间，工厂停工，学校停课，人们居家隔离。因为不能出门，所以人们没法去实体店购买商品，但也有了大量的时间观看网络直播，可以在直播间挑选自己喜欢的商品。消费者通过主播全方面多层次的介绍，感受产品的性能，这种购物的体验是图片和文字所不能给予的。疫情防控期间的网购体验，让很多人养成了通过观看网络直播购物的习惯。

（三）专业团队加入直播带货行业

主播们作为直播的主力军，是直播带货行业火爆的重要的原因之一。近年来，随着直播电商行业的蓬勃发展，催生了一批直播电商MCN机构，这些机构开展主播达人的线上线下孵化计划，招募一些人员，然后对这些人员进行专门的培训，打造出专业的直播团队。主播虽说是直播的主要人员，但一场直播的完成还需要几十甚至几百人的共同努力，场控、副播和客服人员都起着重要的作用，策划、宣传人员也是直播团队的重要成员。加强对这些人员的筛选培训力度，提高其专业水平及业务能力的同时，也促进了直播带货行业的健康有序发展。

（四）国家电商扶持政策的支持

受疫情影响，很多行业的发展都遭受了不同程度的冲击。但是直播带货作为一种线上经济，可以有效避免线下的接触，因此成为恢复经济的一个主力军。同时，直播电商作为一个新兴行业，呈现良好的发展态势，未来可能会在拉动经济增长方面发挥更大的作用。

国家相继出台了许多相关政策鼓励电商企业通过直播帮助农民解决农产品滞销问题。广州、上海、青岛、重庆、济南、义乌等城市纷纷发布相关政策，鼓励打造直播电商基地。国家还先后发布对部分直播平台的扶持政策，如淘宝、京东、快手等平台均获得了不同程度的优惠补贴。

三、"直播+电商"商品销售模式新特点

（一）商品种类多样化

直播带货最初以美妆、服饰、母婴用品、日用品等作为主打产品，近年来由于客观环境和市场需求的不断变化，直播带货产品品类呈现多元化趋势[5]。随着直播行业的发展，预计直播带货将覆盖人们衣、食、住、行所有领域。

2020年6月，山东航空公司首次尝试"直播带货"，在线上售卖机票兑换券和抵价券等，优惠力度很大，受到消费者的欢迎。

（二）主播身份多元化

2020年各类直播平台的主播类型更为多元化。第一类是淘宝和京东等电商平台上的商家店铺的主播[6]；第二类是商家直播，这类商家大部分拥有实体店，但是为了扩大销量，他们通过电商平台开直播，在线上销售商品；第三类是"达人"主播，这类主播背后往往有专业团队，人气较高，带货能力强，一般是商家主动联系他们，建立合作关系。商家根据自己产品的类型和特点寻找行业中适合且有名气的达人为其产品直播，促进销售。达人主播带货的产品不固定，但涉及的领域相对固定。

除了专业主播，很多歌手、演员和综艺明星也开始尝试直播带货，有些还取得了不错的成绩。一些社交媒体平台的"网红"在积累了大量"粉丝"之后，也通过带货的方式实现流量变现。甚至一些央视的主持人和地方官员也曾尝试通过直播的方式，帮助当地农民销售农产品，提高收入。

（三）内容价值驱动消费

以前的主播大多是滔滔不绝地向观众介绍商品，如今的主播们则重视观众的体验，在与观众的实时互动中将产品的优点、性能传递给观众，在追求"质量为王"的同时，也兼顾"内容为王"[7]。相较于冷冰冰的硬营销手段，有温度、有价值、有情感温度的内容更能打动消费者，再通过提供价值获得信任，才能在海量的直播带货信息中脱颖而出，为品牌创造无限的可能。内容价值驱动下的消费，消费者并不带有明确的目的性挑选商品，而是在浏览页面或者观看直播的过程中，被主播的介绍打动，从而选择购买商品。电商主播通过内容价值吸引用户，可以增加用户黏性。

（四）直播带货成为助农扶贫新途径

直播带货日益成为助农新途径。疫情让很多地方面临农产品滞销的问题，但网络搭建起了农民与消费者之间的桥梁，打开了农产品新的销路。2020年4月，央视新闻联合快手等平台共同打造了"谢谢你为湖北拼单"直播活动，多位央视主持人联合明星主播一同在直播间售卖湖北地区的农产品，三场直播累计销售额超过1.5亿元，为湖北经济复苏贡献了巨大的力量。

除了央视主持人，各地官员们也相继来到直播间，和主播一起为观众介绍当地的特产，助力农产品销售。海南省文昌市委书记通过淘宝直播间推销金钻凤梨；广东茂名市是全国最大的荔枝主产区，为了将荔枝推向全国各地，茂名副市长也来到直播间为当地的荔枝"代言"；徐闻县县长在直播间现场吃菠萝，介绍菠萝的花样吃法；新疆昭苏的女县长因英姿飒爽的骑马视频在短视频平台上爆火，之后一个月内开展了18场带货直播，卖出了价值97万元的昭苏农副产品。

四、发展中暴露的问题

伴随直播带货的发展，许多旧问题日益暴露，新问题也随之而来。例如：直播售卖的商品良莠不齐，各主体权责不明，直播行业准入门槛低，这些问题都严重损害了消费者的权益，削弱了"电商＋直播"商品销售模式的优势，给商家带去负面影响的同时，也不利于整个行业的发展壮大。

观察发现，目前直播带货行业存在以下问题：

（一）商品质量参差不齐

消费者通过网络购物，不管是基于刚需还是"冲动购物"，都希望买到质量好的商品，至少是和在直播间看到的是一样的。但还是有不少商家和主播把网络这层屏障当作保护伞，在直播间里向观众展示时用优质的商品，但消费者下单之后，收到的却是一些偷工减料的残次品。这种不诚信的行为严重影响了直播电商的口碑，也对行业造成很大的损害。

（二）假冒伪劣产品频现

在直播带货过程中，为了吸引观众，不少主播会在直播间以极低的价格搞"秒杀大牌"的活动。在这种消费氛围下，观众们往往抱着"买到就是赚到"的心态不假思索地参与活动中，但收到产品后往往会大跌眼镜，所谓的"大牌"只是一些冒牌货。这不仅违反了商业诚信的规则，更触犯了相关法律。

（三）"剧本"套路不断

为了吸引更多的观众，越来越多的主播在直播间进行剧情化的炒作，利用消费者希望有低折扣和"薅羊毛"的心理，营造出一种为粉丝谋福利甚至倒贴钱给粉丝的氛围，引诱甚至欺骗观众下单。很多主播在直播过程中与商家进行现场砍价，博取消费者眼球的同时也赢得了观众的信任，一些观众会因此下单，正中主播圈套。

（四）消费者维权困难

由于"直播+电商"的商品销售方式涉及商家、平台和主播等多个主体，各个主体之间权责不明，一旦出现纠纷，往往会出现平台、主播和商家之间互相推诿的情况，商家和主播各执一词，互相推卸责任，消费者的售后问题长时间得不到解决，最终只能不了了之。

另外，个别平台为了吸引商家入驻，几乎没有市场准入门槛，商家只需提供身份证信息就可加入平台进行直播带货。在这种情况下，如果商家销售了假冒伪劣商品但拒不认账，甚至将买家拉黑然后注销账户，没有证据的消费者更是难以维权。

（五）行业缺乏强有力的监管

直播行业作为新兴行业利润极高，吸引了大量人员加入，人多利大不好监管。早在2020年，国家就相继发布了多部规范直播电商行业的政策文件。2021年4月23日，国家七部门联合发布《网络直播营销管理办法（试行）》，对直播平台、直播间运营者、直播营销人员等主体的权利和义务作了明确的规定。不过，即便国家出台了不少相关政策，也只是大纲性质的指导性文件，在具体落实上仍然需要过程和时间。

（六）主播偷税漏税

"网红经济"发展得如火如荼，许多主播也凭借带货这一方式赚得盆满钵满。"网红"主播收入不菲，但由于互联网经营的隐蔽性、分散性及主播纳税意识差等一系列原因，一些主播通过隐匿个人收入和签订虚假合同等各种违法方式偷税漏税，造成恶劣的社会影响。

五、应对措施

（一）提升行业准入门槛

电商平台具有多样化的特点，但每个平台都要设立自己的准入制度，对于入驻的主播要进行全面系统的考核，验证相关主体资质，不仅要考察主播的业务能力，也要从主播的价值观、法律常识等方面进行评定，从源头上避免素质低下者进入网络直播行业，提高整个行业从业人员的素质，从根本上净化行业风气。对于主播的准入审查只是第一步，后续仍要严加管理。同时设立监管体系，建立组织架构，责任到人，有规范，有监督，有指导，对行为人提出更高的从业要求，包括对学历、专业、相关行业从业经验等提出要求。[8]

（二）主播进行自我提升

带货主播的专业程度直接影响了电商直播的最终呈现效果。对于刚刚兴起的直播带货而言，必须在以产品、质量、服务、信誉为核心的基础和前提下，提高主播个性、价值观和品牌之间的契合度，这样才能避免直播带货主体仅仅变成"被物化与算法裹挟的广告媒介"[9]。

带货主播应不断提高自己的专业带货能力，对产品进行严格把关，提高产品质量，不销售假冒伪劣产品，引导消费者理性消费。对于主播自身而言，要根据自己的特点进行明确的定位分析，加强自身特色，提高辨识度。

主播要注重同观众的沟通交流，浙江大学传媒与国际文化学院教授赵瑜认为，相比电视购物，电商直播不是用夸张的语言和戏剧效果来实现"饥饿营销"，而是更强调主播与受众的交互和共情。主播带货的商品往往是全方位、多领域的，提升自己能力的同时也要重视团队建设，吸纳不同领域的专业人士，进行专业把控。

（三）消费者增强理性消费、依法维权意识

消费者要提升自身的辨别能力，避免被虚假宣传误导。谨慎选择交易平台，在可靠的直播间下单。消费者要树立科学的消费观念，提高理性消费意识。在购物前要仔细思考直播间销售的产品是不是自己需要的商品，而不要被主播的推销话术以及优惠的价格吸引而购买不需要的产品。量入为出，适度消费，避免冲动消费行为。

消费者要提高维权意识，在购物前与客服进行洽谈，保存聊天记录及付款截图。收到商品后可以拍照留证，当商品出现问题时，及时与客服进行沟通。在沟通无效和维权受挫时，消费者可以向消费者协会、市场监管部门投诉。

（四）政府机构坚持监管与扶持并举

直播电商行业的纵深发展，离不开政府监管机构以"扶持发展，创新监管"为原则的全面统筹。[10]要想促进电商行业健康稳定发展，必须完善电商行业的法律法规要求。2021年3月18日中国广告协会发布《网络营销选品规范》，5月25日起施行的由国家七部门联合发布的《网络直播营销管理办法（试行）》都是针对电商行业发展提出的新要求。虽然国家正在不断完善法律法规，但是直播行业仍然问题重重，应继续进行严格的查漏补缺，不让心存不良者钻空子。同时，对于违法的行为进行严厉打击，绝不可姑息。

国家在加强监管的同时，也要出台扶持政策。推动北京、上海、浙江等地电子商务产业园的创建和发展，完善基础设施，引进专业人才。要引导和鼓励各地发挥地方特色优势，因地制宜地发展电商直播行业。

六、结语

"电商+直播"的商品销售模式是一种电子商务与网络直播的结合，是主播借助视频直播形式推荐卖货并实现"品效合一"的新兴电商形式。这一新销售模式在2016年兴起，之后几年里得到了突飞猛进的发展。在发展的过程中，"电商+直播"的销售模式也呈现许多新特点，如产品多样化、主播多元化，新销售方式也层出不穷。但新事物的发展往往面临诸多困难，在发展过程中也

暴露了许多问题，主要体现在产品质量良莠不齐，主播销售假货，售后问题无法解决等方面。针对这些问题，要采取适当的措施进行解决，主要从人、货、场、政策四个方面入手。不断完善相关政策法规，提高从业人员素质，才能推动直播电商行业稳步前进。

● **参考文献**

［1］田宇鹭，余杨. 探析网络直播的现状及发展［J］. 传媒论坛，2020（9）：167.

［2］王琪琪. 场景、构建、价值：电商直播的发展、问题与反思［D］. 兰州：兰州大学，2021.

［3］艾媒咨询. 2020 2021中国在线直播行业午度研究报告［EB/OL］. （2021-04-07）［2021-10-20］. https://www.iimedia.cn/c400/77452.html.

［4］喻国明，方可人. 技术迭代下传媒经济发展的基本维度与未来趋势——2019年中国传媒经济研究的热点与前言分析［J］. 全球传媒学刊，2020（1）：4-14.

［5］彭安东. 新冠肺炎疫情影响下网络直播营销的发展浅析——以抖音平台直播带货为例［J］. 新闻研究导刊，2020（23）：243-244.

［6］黄穗琦琳. 移动电商平台内容营销策略探究——以手机淘宝为例［D］. 武汉：武汉大学，2018.

［7］杨树梅，梁波. 直播带货的特点、挑战及发展趋势［J］. 中国流通经济，2021（8）：61-71.

［8］吴康惠. 浅析"直播带货"的发展机遇与挑战［J］. 商讯，2020（34）：11-12.

［9］闫玉刚，宫承波. 狂欢化与去狂欢化——基于新冠疫情期间直播带货传播现象的冷反思［J］. 当代电视，2020（6）：94-97.

［10］刘友芝，李行芩. 中国直播电商发展特点及趋势［J］. 传媒，2021（14）：26-29.

"泛娱乐化时代"青少年偶像观的变化及其影响

郑梦婷[*]

【摘要】本文研究发现，青少年片面娱乐化的追求，形成了不当的偶像观；偶像崇拜在主流化与娱乐化之间徘徊，非主流化趋向明显加强；疫情防控期间，由于主流媒体对于抗疫英雄先进事迹的宣传，青少年对错误偶像观的自我纠正意识增强，对偶像一词的理解更加多元化。

【关键词】青少年偶像崇拜；娱乐圈整治；偶像观重塑

一、青少年偶像观的变化

随着信息技术和互联网的发展，网络成为青少年精神生活的主阵地，对于经常接触电子媒介的青少年群体来说，媒体塑造的形象各异的偶像通过网络展现在他们眼前。

（一）青少年偶像崇拜变化特征

1. 偶像内涵更为丰富

青少年认知中的偶像主要是指从事演艺活动的明星。尽管其他行业的人也会被视作"偶像"，但他们对青少年群体的影响力远不及明星。近年来，随着青少年的爱国情感被激发，主流媒体的宣传带动起强大的情绪感染力，青少年推崇的偶像不再只有娱乐圈的明星，而是更能给社会大众带来正面意义的社会

---

[*] 作者郑梦婷系临沂大学传媒学院学生。

各界的英雄模范。偶像内涵的丰富矫正了部分青少年片面的偶像观,也有利于破除国人对"追星族"的偏见。

2. 偶像类别多元化

青少年崇拜的偶像从歌星、影星扩展到体育运动员、医生、科学家和企业家。青少年偶像崇拜的选择更加多元化,不再将娱乐圈明星当作唯一的偶像。多元化的偶像类别表现了青少年对医学界、科学界专业人士的认可。在媒体的宣传推动下,医学专家、科技人才的身影频繁出现在大众视野中,吸引了青少年群体的关注,他们的专业能力引发了青少年的钦佩,成为一种新兴类别的偶像。这种偶像类别的多元化在一定程度上纠正了娱乐圈明星产业和"饭圈文化"的畸形化发展。

3. 偶像崇拜多栖性

青少年偶像崇拜心理具有一定的黏性,想让他们完全不受娱乐圈明星的影响,是不符合青少年认知心理实际的。我们观察到,青少年的偶像崇拜具有多栖性的特点,如在崇拜娱乐圈明星的同时,也崇拜医学界的泰斗、中国科学院的院士,还会崇拜教育家张桂梅。这种多栖性的偶像崇拜反映出我国社会发展的包容性大大增强,也反映了青少年的个性发展还处于情绪化的阶段,易受到多元文化价值观的影响。

(二)偶像崇拜变化特征的原因分析

1. 社会发展的多元包容

偶像崇拜作为一种特殊的心理,是社会发展的映射。每个时代不同的发展特征作用在人们思想意识的发展上,时代造就偶像。[1]

改革开放后,各种文化交互碰撞,许多香港地区的歌星、影星,来自日韩的偶像明星和好莱坞的影视明星迅速打入中国市场。进入21世纪,平民化偶像更加"吃香",那些有梦想、有特长的普通人因为满足了青少年的代入心理,开始受到追捧,选秀节目风靡一时。近年来,偶像不再以单人的形式出现在大众面前,而是组团出道。《偶像练习生》和《青春有你》等选秀节目影响着新一代青少年对偶像的新看法。[2] 疫情暴发后,医学界与科学界对于人类健康的贡献有目共睹,媒体的集中报道和宣传让青少年将眼光投向医学专家、学术精英,偶像群体变得更加多元。

由此可见,青少年的偶像崇拜具有很强的时代性,正是社会方方面面取得的突出成就使青少年思想意识发展呈现新局面。[3]

2. 个人意识的觉醒

随着网络信息技术的发展，互联网在青少年的日常生活中占据了重要的席位。在现实生活中无法得到有效的心理满足时，他们会转向虚拟的网络世界，但网络世界的复杂性也促使他们不断思考，一些人意识到，明星是被包装并呈现到荧幕里的，人无完人。网络的发达也让一些偶像明星的失范行为暴露到大众面前，青少年不再对明星光环完全信任，而是开始质疑，对于"什么是偶像""我应该选谁作为我的偶像"等问题，有了更清晰更透彻的认知。

3. 自我发展的需要

追星的青少年实质上是在追寻更优秀的自我。青少年处在寻求同一性的心理发展阶段，他们面对纷繁的世界时，往往会感到无所适从。内心深处的困惑源于心中没有建立起一个成熟稳定的自我感知，也就是所谓的"自我同一性"。与此同时，他们开始思索自我的意义，探索自我的价值。他们急需一个看得见、摸得着的活生生的形象作为自我的代表。这一代青少年游离在网络环境中的时间大大加长，于是他们自然而然地将寻找的目标定位于媒介设定环境里面的明星。如果明星具备足以让他们欣赏的表演，就会成为被崇拜的偶像。从这个角度来说，偶像是青少年的理想自我，也是青少年心目中的未来自我。[4]

二、偶像行为失范与青少年偶像观重塑

（一）偶像行为失范

公众人物的"公众性"决定其具有不可推卸的道德责任，偶像作为能对青少年群体产生巨大影响的公众人物，尤其应注意自身的一言一行。某些娱乐明星道德失范，有些甚至触犯法律，不仅引发了全民大讨论，也让一些青少年的偶像观发生了改变。那些展现出良好道德水平的偶像，让青少年更加信服，而一些道德失范的"偶像"，也会被青少年摒弃。站在道德的层面上说，明星作为社会榜样即是道德的捍卫者，逃避责任则会沦为道德逃兵。[5]

（二）青少年偶像观的新变化

1. 错误价值观的自我纠正

青少年处于多元思想发展阶段，自我意识更强，有了互联网的助力，他们

对于一些信息的辨别度也较强。对于一些偶像的失范行为，他们能理性分析，主动"脱离"不良偶像。国家对于社会主义核心价值观的意识引领十分重视，对青少年的思政教育一直未曾松懈，青少年群体普遍具有最基本的道德价值观，能自发高举正确的意识旗帜，引领年轻一代的价值观走向并规范自我行为。[6]这是青少年心理发展的进阶，也是年轻一代思想的进步。青少年的自我纠错可以大大减少社会纠错成本，内发的纠错意识与能力使他们在对象认知上有了一层思想保障。

2. 对女性偶像群体的包容

在我国的社会舆论中，女性一般承载了更多了的审视，对于"女明星"的出镜要求更为严苛。而随着性别观念的进步，尤其是青少年粉丝群体中女性居多，很多女粉丝切身体会到女性的不容易，所以也对女明星和女性偶像有了更多的包容，同时对于男明星的失范行为容忍度下降。这其实是社会良好的发展趋势，这一趋势不可逆转，为女性审美提供了更为宽泛的标准，也表明了社会对于女性权利的重视。

3. 后真相时代"情绪前行"的偶像观依然存在

后真相时代成年人尚可相信他们愿意相信的事情，或者说他们只相信与他们看法一致的观点。[7]而青少年还处在心理发展的薄弱期，情绪化心理特征显著。在集体无意识洪流中，讨论话题量多的主流明星往往越容易得到关注。但如果他们所崇拜的偶像一旦做出不符合他们心中预期的举动，他们就会在"粉圈"内部自动引发情绪性排斥。青少年思想活跃，对于热点事件没有耐心。许多经纪公司利用这一点，去经营偶像明星的人设。比如制造新闻，正面新闻曝光有名声，负面新闻曝光有流量；"炒CP"，营造暧昧假象，利用捆绑营销。而这一切偶像产业链的驱动离不开粉丝的偶像崇拜，这种粉丝养偶像，偶像养经纪公司，经纪公司养员工的利益链条不断循环，"哺育"出了现在的"饭圈"文化。而这种利益链条的根本驱动力就是青少年粉丝的情绪化外扩传播。[8]

三、娱乐圈的整治现象与未来走势分析

国家广电总局从2021年起对违法失德失范艺人加大整治力度，重拳出击打击"饭圈"文化、天价片酬、畸形审美等娱乐圈乱象。继2021年6月15日开

展为期 2 个月的"清朗·'饭圈'乱象整治"专项行动之后,同年 9 月,中宣部又同国家广电总局、文化和旅游部等有关部门集中了开展文娱领域综合治理工作[9]。

（一）文娱圈的重点整治

1. 严控偶像"养成",抵制"流量为王"

继中共中央宣传部印发《关于开展文娱领域综合治理工作的通知》之后,2021 年 9 月 2 日,国家广电总局再度发文要求违法失德人员、违背公序良俗、言行失德失范的人员坚决不用。偶像养成类节目,明星子女参加综艺及真人秀节目不得播出。这是从源头上遏制"流量为王"综艺乱象的举措。从资本介入"明星打造"市场开始，"追星"的底层逻辑就发生了根本变化。追星本是出于喜爱认同、精神寄托的心理，可资本操控下的追星是一场金钱的博弈。偶像养成节目就是资本利用了粉丝的心理，哪些粉丝打投的钱多，哪个被"粉"的偶像就会被"养成"，进入预备出道圈。多次打投、重新洗牌的打投规则让粉丝之间互相攀比，不断投入金钱。一些"养成系"的综艺节目中，有的孩子还未完成学业就被匆匆送进娱乐圈，也许他们自己都不知道来娱乐圈干什么。他们的"成功"又被以后的青少年当作价值导向，在心智未发育成熟时抛弃学业，一心向往娱乐圈的"成名之路"。如此循环往复，会严重误导青少年的价值观，追逐名利，罔顾前程。流量本是中性词，但流量为王、流量与资本挂钩、流量造假，就是娱乐圈的价值导向和生态环境出现了问题。长时间输出低俗化的价值观和低水准作品，不仅对娱乐圈的工作环境造成危害，更是对青少年精神世界的毒害[10]。

2. 抵制畸形审美，整肃行业生态

近些年，"颜值即正义"的风气让娱乐圈的生态环境产生了异化。"靠脸拍戏""报数台词""抠图大王"等行为层出不穷。影视作品的质量不再重要，只要粉丝"能打"，热搜上得多就有名气、就能赚钱。在这种审美文化下，影视作品变得粗糙、丑陋。这样的作品失去了生活的真实性，也扼杀时代鲜活的生命力，将大众审美一步步带入歧途。

3. 打击天价片酬和阴阳合同，封禁违法失德艺人

每一次粉丝的"为爱打投"，都会成为资本"割韭菜"的底气。打榜投票，集资购买代言产品等粉丝行为愈演愈烈，一些追星 App 也应运而生。娱乐圈获

利高，见效快，无良商家操纵艺人的数据，引导粉丝不断通过追星 App 打投、消费，以此逐利。

2021 年 8 月 2 日，中共中央宣传部、文化和旅游部、国家广电总局、中国文联、中国作协五个部门联合印发《关于加强新时代文艺评论工作的指导意见》特别提出，把人民作为文艺审美的鉴赏家和评判者，把政治性、艺术性、社会反映、市场认可统一起来，把社会效益和社会价值放在首位，不唯流量是从，不能用简单的商业标准取代艺术标准。[11]

（二）未来发展趋势

从多个影视节目的下架到部分娱乐节目的整改，无不彰显着国家对于娱乐圈治理的决心。国家整改的是内容，改变的是整个行业逻辑，符合市场流量退潮、内容为王的大趋势。对于其他平台和节目来说，此次整改是一个重要的信号，行业的发展需要反思，内容与流量之间的平衡也是未来的大势所趋。

四、结语

青少年的偶像崇拜心理随时代的发展而发展，社会经济形势的变化在一定程度上改变了青少年的价值观，特别是对于偶像的重新定义和多元理解。虽然青少年处在心理发展的不稳定阶段，但是他们已初具审辨的能力，在正确的引导下能够变得更加理性，相关部门对于娱乐圈的大力整治也使青少年的偶像观有了重塑的可能。未来娱乐圈的发展会朝向高质量的方向发展。

● **参考文献**

［1］行甜甜，张利荣．新时代大学生偶像崇拜的变迁及归因［J］．武汉职业技术学院学报，2020（3）：73-77.

［2］王睿．改革开放以来我国青少年偶像崇拜的变迁［J］．山东青年政治学院学报，2019（3）：82-86.

［3］张熙凤，田维霞．多维视野下大学生偶像崇拜的解析与引导［J］．西安石油大学学报（社会科学版），2019（5）：74-80.

［4］亚伯拉罕·马斯洛．动机与人格［M］．许金声，译．北京：中国人民大学出版社，2012.

［5］肖鑫睿．明星对道德的敬畏更应"高人一等"［J］．廉政瞭望，2021（14）：48.

［6］赵婉君．公众人物道德失范对青少年社会化的影响［J］．中学政治教学参考，2019（9）：66-68.

［7］李海琪．弗洛姆"偶像崇拜"视角下青少年偶像崇拜异化问题探析［J］．鄂州大学学报，2021（4）：85-87.

［8］吴炜华，张海超．社会治理视阈下的"饭圈"乱象与文化批判［J］．当代电视，2021（10）：4-8.

［9］清朗专项行动近百日：整治"饭圈"乱象见实效［EB/OL］．（2021-09-16）［2021-10-22］．http：//www.chinapeace.gov.cn.

［10］陈洁．廓清风气，重构文娱圈健康生态［N］．新华日报，2021-09-09.

［11］张海燕．构建风朗气清的文娱圈［N］．甘肃日报，2021-10-19.

培育中医药文化自信

马荣荣[*]

【摘要】 中医药文化建设成为中医药事业发展的一项重要而紧迫的任务，中医药的现状与前景是"机遇与挑战并存"。我国中医药界面临国内外医药产业之间激烈的竞争、中医药资源的不断流失、外国中药材的入侵、中医药基础的研究严重不足等问题，更应抓住民众健康理念、医保线上支付放开以及中药专利保护逐渐完善等发展机遇，大力发展我国中医药事业，培养国人中医药文化自信，加强中医药人才队伍建设，以高质量的人才队伍来推动中医药文化的国内传播与国际传播。

【关键词】 中医药；文化自信；机遇与挑战

一、问题的提出

中医药文化作为中华民族特有的医药科学文化，是中华优秀传统文化的重要载体，在疫情防治工作中展现出了独特价值。2020年1月28日，国家卫健委和国家中医药管理局《新型冠状病毒感染的肺炎诊疗方案（试行第四版）》（国卫办医函〔2020〕77号）印发，其中对中医诊疗方案进行了整体调整和优化补充，方案明确强调了各类型医疗机构要在新型冠状病毒肺炎救治工作中加强中西医结合，发挥中医药诊疗作用，建立中西医联合会诊制度，促进医疗救治取得良

---

[*] 作者马荣荣系临沂大学传媒学院学生。

好效果。

中医药虽作为中国传统优秀文化的瑰宝而存在,但是综观现今世界医药发展的环境,中医药的现状与前景套用一句现成的话来说就是"机遇与挑战并存"。想发扬中医药文化就要清晰地看到中医药发展的机遇在哪里,挑战有哪些,厘清这些我们才能对症下药,为中医药发展提供恰当的方式方法,建立国人的中医药文化自信。

二、中医药历史沿革

中医药文化起源于我国上古时期,历经数千年的发展,逐步形成现今我们所知道的中医药文化体系。

(一)中医药的起源

炎帝是上古时期姜姓部落首领的尊称,号神农氏,炎帝部落生活在黄河中下游,曾与黄帝结盟击败蚩尤,因此中华儿女将炎帝和黄帝奉为华夏始祖,而"神农氏尝百草,一日而遇七十毒"正是描述了神农氏为了医学理论实践和探索的精神,正是这种精神奠定了中国传统医学的基础。也正因这样,后人为纪念他将中国的第一部医学著作命名为《神农本草经》。

(二)中医药的发展

春秋战国时期中医理论基本形成,之后又经历朝历代的补充与完善,逐渐形成我们今天所了解到的中医药理论体系。在漫长的发展历程中,涌现出了诸多名家名医,他们为中医药发展做出的贡献推动了中医药文化的发展与完善。春秋时期扁鹊奠定了"望、闻、问、切"的中医学切脉诊断方法。医学巨著《伤寒杂病论》由东汉末年张仲景完成,他确立了中医临床的基本原则——辨证论治原则。华佗找到了茵陈蒿治疗黄疸病的方法,同时还创办了健身体操"五禽戏",他发明的麻沸散用作临床麻醉的时间比西方麻醉剂早1600多年,开创了中医外科手术先河。唐代孙思邈在前人理论的基础上总结经验,完成著作《千金要方》,收录了5000多个病方,同时第一个提出复方治病、第一个创建巴豆排毒、第一个提出防重于治、第一个发明导尿术,也是第一个麻风病专家。宋朝出版的《图经》统一了中国针灸由于传抄引起的穴位紊乱问题。明朝时期李时珍编撰《本草纲目》,收集药物1518种,记录古代医学家的和民间的药方11096种,附药物形态图1100多种，在纠正了之前错误的基础上补充了不足。在明清时期，国外还在面临鼠疫、天花、黑死病等"不治之症"时，中医就已经有了最初的种痘技术，成功降低了瘟疫带来的灾难程度。

（三）中医药的衰落

近现代，随着西方列强的入侵，中医药文化受到了来自西方医药文化的冲击，大量现代医学（西医）涌入，严重冲击着中医药文化的健康发展。在当时还出现许多人士极力主张医学现代化，更是出现了以胡适先生和鲁迅先生为代表的先进人士，提出"废除中医"的理论，在这样的社会环境下中医药学面临巨大的生存危机，只能在夹缝中求存。

（四）中医药的复兴

1936年出台的《中医条例》让中医又一次迎来发展的黄金期。1956年北京中医学院、上海中医学院、广州中医学院、南京中医学院和成都中医学院正式成立，中医迎来了发展的黄金期。改革开放以来，国家对中医药的支持更是迈上一个新台阶，《中共中央、国务院关于深化医药卫生体制改革的意见》（中发〔2009〕6号）提出：要坚持中西医并重的方针，充分发挥中医药作用。这充分说明了国家对中医药的定位及具体规划，中医迎来了历史上最大的发展机遇。

三、中医药文化所拥有的独特的优越性

中医药文化作为中国传统文化的重要组成部分，包含着中国古代人民同各种疾病作斗争的实践经验与智慧，是在古代朴素的唯物论和自发的辩证思考下形成的庞大的理论体系，它来源于实践而后又反过来指导实践，在发展实践的过程中，中医药也形成了其所拥有的独特之处。

（一）整体观

中医理论认为人由阴阳两大物质组成，是自然界的一部分，阴阳二气相互独立、相互依存，并且每时每刻都处在运动变化之中。在人体健康的情况之下，两者会处于一种相对平衡的状态，但是一旦打破了这种平衡状态，所呈现出来的便是病理状态，因此在治疗疾病、纠正阴阳失衡状态时不能静止地看待问题，要多从动态的角度思考。人体是一个不断运动变化的有机整体，人体的各脏体器官组织之间不论在生理上还是在病理上都是相互联系、相互影响的，牵一发

而动全身，因而不应孤立地看待某一生理或病理现象，而应该多从整体的角度来对待疾病的治疗与预防，特别强调"整体观"。

（二）辨证论治

"证"就是人体在疾病发展的过程中某一段时间内病理特征的概括，包括病变的位置、原因、性质以及邪正关系，它常常能够反映人体在这一段时间病理变化的本质，它比症状更加全面、更加准确。"辨证"则是运用中医"望、闻、问、切"的诊疗手段所收集到的病人的资料、症状、体征，通过全方位分析的手法，查清病人生病的原因、性质、部位以及邪正之间的关系，从而概括、判断为某种性质证候的过程。"论治"又叫施治，则是根据辨证分析的结果来确定相应的治疗原则和治疗方法。辨证是决定治疗的前提和依据，论治则是治疗疾病的手段和方法，所以辨证论治的过程，实质上是中医学认识疾病和治疗疾病的过程。[1]

（三）"治未病"

中医强调关注疾病的全过程，"未病先防，既病防变，瘥后防复"。"治未病"其核心体现在"疾病预防"，中医认为个人的生活习惯与个体的健康有着非常密切的关系，主张要以养生为要务，而中医"治未病"的理论也可以说是我国最早的养生理论。中医养生理论千年之前就已经认识到预防的重要性，预防要从日常抓起，可通过调节饮食、加强锻炼、注重作息、心情管理等方面对身体机能进行适当干预，提高身体免疫力，从而达到"治未病"的效用。

四、中医药发展面临的机遇与挑战

在经济全球化的今天，我国中医药文化也要积极融入世界，争取可持续发展，但在这个机遇与挑战并存的时代，要想不被世界所淘汰，就要厘清自己所面对的机遇与挑战，不惧挑战、迎难而上，做到真正融入世界。

（一）挑战

1. 面临外国医药产业的激烈竞争

我国虽然是全球最大的中药材生产国，但是中医药企业规模小、行业集中度低，虽然制药企业多，但是由于起步较晚，大部分规模较小，产业集中度相较于医药工业发展程度较高的欧美国家而言仍然处于较低水平。并且从全球医药市场来看，北美和欧盟的医药企业基本垄断了全球医药市场，以 Pfizer、强生、诺华等为首的国际医药企业依靠其生产研发、管理和规模化经营等一众优势，在全球医药市场中获取了巨大的利润，保持其产品的垄断价格不变。2021 年美国制药经理人杂志（*PharmExec*）公布的全球制药企业 Top50 榜单显示，罗氏以 474.92 亿美元的销售额保持全球第一，而在 2021 年全球制药企业处方药销售 Top10 的榜单中我国企业竟然没有一席之地。从市场集中度来看，根据欧洲制药工业协会联合会（EFPIA）的统计情况，北美和欧洲占据全球近一半多的市场份额，销售额分别占全球医药产品销售市场的 40%、22%，处于主导地位，而中国市场医药产品销售占全球比重只达 20%。因此相比于国外医药产业，国内医药企业仍然需要在企业规模、优质产品和国际影响力等劣势方面采取措施，突破企业规模的限制，建立起符合国际标准的生产服务体系，以此来获得企业产品在国际市场上的竞争优势。

2. 中医药资源不断流失，中医药知识产权受到严重威胁

中医药是中华民族的瑰宝，但是我国作为中医药的发源地，却不是中医药产业的强手。早在 2014 年 12 月 6 日举行的第五届中国现代中药产业发展论坛上就有专家介绍：世界草药市场总额已超过 600 亿美元，我国在其中份额不到 10%，不少中成药的知识产权资源还被国外的企业盗用。我们对于专利的重视还不够，近年来有 900 多个中药药方被外国人"抢走"，日本人以《伤寒论》《金匮要略》等 210 多个处方为基础，建立汉方药多达 200 多个，他们在中药基础上研发的"救心丸"，年销售额超过了 1 亿美元。中国人发明的青蒿素，反被德国人申请了专利，使我国每年损失 2 亿至 3 亿美元。韩国人拿到同仁堂牛黄清心丸配方，改变剂型在世界上 19 个国家和国际组织申请了专利，年销售额 7000 万美元。迄今为止我国的 900 多种中草药项目被外国公司在海外抢先申请专利，却鲜有中药能通过 FDA（美国食品和药物管理局）进入西方国家医院处方市场。

3. 外国中药大举入侵

在世界中药市场中日本、韩国所占份额约为 80%~90%，但是日本中药制剂 75% 的生产原料都来自我国，简单来说，我国已成为日本中药制剂的最大原料生产国。一位退休老中医陈勇先生考察了中医药在美国的情况后谈道："1994 年美国已经通过一条法规，中草药这样的补充品，不经 FDA 批准，就可以直接

进入美国市场,在有机食品专卖店销售。看见美国有机食品专门店的货架上摆满了各种中草药制剂,真是既高兴,又惭愧,高兴的是中草药制剂在美国这么受欢迎,中医药发展有望。惭愧的是在琳琅满目的中草药制剂中,没有一种是中国制造的产品。"[2]

4. 我国中医药药效物质基础研究严重不足

中药现代化研究的基础和关键是中药药效物质基础研究,但是目前中药(包括中药材、饮片、中成药)有效物质基础不清,中药炮制原理不统一,中药有效成分流失严重;中药质量难以控制;中药药理机制不明确;缺少以中医理论指导的药理模型,不能正确评价中药药效;对照品供应严重缺乏等一系列问题仍旧很突出,究其原因则是支撑相关研究的中药药效物质基础研究太薄弱。

(二)机遇

1. 消费升级,市场扩容,民众健康意愿提升

近年来,我国经济社会快速发展,城乡居民生活水平显著提高,居民收入持续快速增长,收入来源明显多元化,分配差距持续缩小,而随着居民经济条件的不断加强,居民消费水平也不断提高,从当初的注重吃饱穿暖等基本生存问题,到现今注重休闲、旅游、健身,消费理念明显升级,人们更加注重消费效益。

2. 医保线上支付逐步开放,处方药线上销售解禁、在线医疗服务松绑、顾客药品线上消费习惯正在形成

现今互联网的普及,网上购物、网上订餐、网上订票等服务业务发展迅猛,而医药这一关系国民健康的行业对线上销售的松绑,不得不说是促进医药线上下单的一项重大措施,而处方药线上销售的解禁,更是令互联网医疗迎来巨大的市场。公开数据显示,我国药品终端消费市场上处方药占85%的份额以上,但是80%左右都是通过医院渠道购买,网上药店占全部医药市场的比重仅10%左右,之后在医药分家的推动下,处方药外流规模在4000亿～5000亿元,其中零售市场规模约为3000亿元,对于药店、互联网医疗行业的企业来说,竞争的将是5000亿元的市场。

3. 中药专利保护制度逐渐完善

2020年,国家知识产权局起草形成了《中药领域发明专利审查指导意见(征

求意见稿）》，并就征求意见稿向全社会公开征求意见，同时在征求意见稿中对广受争议的中药材如稀有的犀牛角、虎骨、麝香等入药，毒性中药材如含有马兜铃酸的马兜铃等入药的相关中药产品提出专利审查标准。中药领域专利审查的革新将有助于遏制药品仿制的低水平重复，促进企业等进一步加大对药品研制的科技投入，提高药品品种的质量，同时也促进了中国专利保护更好地与世界专利对接，而这也预示着中医药在世界舞台上将拥有更加强有力的保护，有助于保护我国原创医学、保护民族利益。

五、中医药文化自信建立

中医药文化作为我国传统的、具有中国特色的医药文化，我们应该坚定将其发扬光大的决心，树立国人中医药文化自信，但是树立国人中医药文化自信仍然任重道远，首先我们应该做到以下几点。

（一）坚定中医药文化自信

坚定中医药自信是最基础层面的自信。[3]中医药文化在数千年的发展历程中拥有了深厚的历史文化积淀，传承中华优秀文化基因，而它之所以能够形成独具特色的诊疗手段与药物系统就在于中医药文化的滋养，中医药文化对于中医药的道路、理论与技术而言就如同水之源头、木之本末，一旦脱离，那中医药发展即将失去道路的指引，其发展方向就会迷失、道路会晦涩不明，这样又何谈中医药文化的未来。

（二）重视人才队伍建设

俗话说"千秋基业，人才为本"，人才是推动发展的第一资源，要想培育中医药文化自信，首先就得打造一批高质量的人才队伍。中医药文化的人才队伍应该包括中医药文化的教育者、中医药职业从业者、中医药科研人群。中医药文化的教育者包括各大中医药高校以及设有与中医药相关专业的各大职业院校的教育工作者。学校作为人才培养重要机构，不仅要重视中医药专业的建设发展、中医药文化内容的传播，同时也要关注专业学生对于中医药文化内容的认同感，学校应该组织并鼓励学生参加或自主举办一些多样宣传中医药文化自信的活动，并在校园内营造构建中医药文化自信的校园氛围，同时学校和政府应该加大对中医药相关专业的资金扶持，使得院校与校外医疗机构建立长期合作关系,在学生达到一定水平标准之后到医疗一线去亲身参与中医药医疗实践,加深对中医药文化的了解,培育中医药文化自信。中医药职业从业者,这一群体不仅要作为我国中医药文化的传承者研学中医药经典,在医学实践中对其所学知识进行整合,而且要在实践中针对不同情况进行不同程度的创新,还要作为中医药文化的宣传者,通过身体力行让老百姓理解中医药、宣传中医药、爱上中医药,让中医药文化得到更广泛的传播与认同。中医药科研人群,这一特殊群体作为中医药文化传承中的顶尖人群,不仅要传承经典,加大中医经典理论的学习,也要加大对中医药文化的创新。创新是推动中医药文化建设的灵魂,也是助力是中医药文化建设的不竭动力[4]。

（三）落实开放发展理念,加强中西医文化交流

中医药文化作为中华优秀传统文化这在我们看来是毫无争议的,同时中医药文化也是作为世界医药文化的重要部分而存在,所谓开放带来发展动力,我们不应单单将中医药文化放在中国这片土地上,而是努力将其传播到国际发展的舞台上,让中西医文化加强碰撞,在碰撞中产生火花。在中医药"走出去"过程中我们可以借鉴汉字的"走出去"步伐,汉字"走出去"是在各个国家中外合办"孔子学院",这一举措极大地促进了汉字的国际化水平,同理,为了中医药文化的国际化我们可以在各个国家合办一批"中医药学院",在为国外人民看病治病的过程中宣传中医药文化、加强中西医文化的交流碰撞。文化的碰撞不仅可以使国外医药界了解我们,也可以促进我们对西医药文化的了解,同时也在文化碰撞中进行自我革新。

六、结语

习近平总书记指出:"我们要坚持道路自信、理论自信、制度自信,最根本的还有一个文化自信。文化自信是一个国家、一个民族发展中更基本、更深沉、更持久的力量。"[5]而中医药文化作为中华优秀传统文化的重要组成部分,更应该被发扬光大。在新型冠状病毒肺炎疫情的救治工作中,中医药深度介入,参与全程救治工作,在不同阶段都取得了明显成效,从中我们看到了中医药在其救治中所奉献出的力量与价值。[6]我们更要厘清中医药发展的机遇与挑战,培养国人中医药文化自信,加强中医药人才队伍建设,以高质量的人才队伍来

推动中医药文化的国内传播与国际传播,在国际传播的环境里使中西医文化更进一步交流,让中医药文化与世界医药文化进一步地接轨。

● 参考文献

［1］百度百科."中医"词条［EB/OL］.［2021-10-21］（2021-11-12）. https://baike.baidu.com/item/%E4%B8%AD%E5%8C%BB/234039?fr=aladdin.

［2］彭坚. 美国市场中草药的热销,对我国的中草药研究的反思与建议［EB/OL］.［2021-10-21］（2021-11-12）. http://blog.sina.com.cn/s/blog_513a45df0100ur3x.html.

［3］张宗明. 提升中医药文化自信须自觉、自强、开放［N］. 中国中医报,2018-04-04.

［4］鲁琴,朱必法,丁德智. 后疫情时代中医药文化自信的路径研［J］. 时珍国医国药 2021（2）：405-407.

［5］习近平. 习近平谈治国理政（第二卷）［M］. 北京：外文出版社,2017.

［6］杨彦帆. 深度介入新冠肺炎预防、救治、康复全过程——中医药抗疫再立新功［EB/OL］.（2021-12-08）［2021-12-13］. http://paper.people.com.cn/rmrb/html/2021-12/08/nw.D110000renmrb_20211208_1-13.htm.

网络音频平台广播剧的发展现状分析

——以猫耳FM为例

韩晓蕾[*]

【摘要】 随着互联网和数字技术的快速发展,网络音频广播剧因其伴随性的优势而备受青睐。网络广播剧风靡,既是源于传播技术革新的推动,又是受众对于网络广播剧的市场需求促使。网络广播剧的流行有利于丰富文化信息展现形式,但其本身存在传播内容、传播方式、运营模式方面的局限性。现阶段网络广播剧持续健康发展可从内容优化、人才培养、宣传途径方面进行探索。

【关键词】 网络音频平台;广播剧;猫耳FM

一、研究背景

广播剧是一种用声音塑造听觉形象的戏剧艺术。广播剧通过人声、背景音乐、音效三种要素呈现人物角色、故事场景、情感氛围,从而推动剧情发展、表达主题。这种听觉上的戏剧艺术可以创造身临其境之感,以一种沉浸式的艺术欣赏方法,给予听众丰富的想象空间,另外还能增强听众的体验感和参与感。我国最早的广播剧是1933年1月上海亚美广播公司制作的抗日题材的《恐怖的回忆》。1950年2月中央人民广播电台首播的《一万块夹板》是中华人民共和国成立后的第一部广播剧。1954年,中央广播剧团成立,此后广播剧快速发展,

---

[*] 作者韩晓蕾系临沂大学传媒学院学生。

先后出现了一批有一定影响力的剧目，如《皇帝的新装》《红岩》《山谷红霞》。在20世纪90年代，广播剧的发展达到了历史峰顶，在此期间我国广播剧年产量在2000部左右。[1]

广播剧有着辉煌的历史，但进入21世纪，随着大众传媒的迅速发展，多元化信息传播方式和多彩休闲娱乐方法的出现，我国的广播事业进入了停滞状态。近年来，随着互联网和数字技术的快速发展，5G通信技术的大规模应用，车载蓝牙、智能家居等音频应用场景快速普及，音频因其"伴随性"的优势而备受青睐，网络音频行业的市场规模与日俱增，广播剧迎来了自己的"第二春"。

2020年初受疫情的影响，我国线下行业遭到巨大的打击，线上行业得到了快速发展的机会。网络音频平台广播剧作为一种休闲娱乐的方式，被越来越多的人知晓甚至追捧。艾媒咨询《2020—2021年中国在线音频行业研究报告》统计数据显示，2021年中国在线音频用户规模达到6.4亿人。就目前数据来看，我国对网络音频平台广播剧的市场需求巨大。根据不同的竞争层次，我国的在线网络音频平台可以分为三个梯队，第一梯队：喜马拉雅；第二梯队：荔枝FM、蜻蜓FM、企鹅FM；第三梯队：猫耳FM、考拉FM、阿基米德FM、听听广播。[2]不同于前两个梯队在线网络音频的用户基础，猫耳FM作为网络音频平台的新生力量，近几年来，其用户规模和产出内容都呈现井喷式增长。猫耳FM成立于2010年，是一个专注于ACG（动漫、漫画、游戏的总称）相关内容的二次元音频社区，是第一家弹幕音图站，同时也是中国声优基地。平台收纳了包括有声漫画、广播剧、电台等二次元及泛二次元的声音内容。[3]猫耳FM与晋江文学城、腾讯漫画、网易漫画等达成合作，将国内市场已成熟、热度大的IP制作成广播剧或有声漫画，在平台连载播放。2017年，猫耳FM开启头部IP与知名配音工作室联手的商配广播剧模式，出品了第一部付费广播剧《杀破狼》，标志着网络广播剧付费模式的诞生。2018年猫耳FM被哔哩哔哩（Bilibili）以10亿元人民币的价格收购，并迅速完成了三次融资[4]。契合哔哩哔哩的发展模式，猫耳FM将自身定位为一个专注于ACG相关内容的二次元音频社区，猫耳FM旗下产品与该定位的高契合度，使猫耳FM的进一步发展受到圈层限制，但其点播量仍远高于其他平台。本文将猫耳FM作为研究的对象，从传播学的角度探析以猫耳FM为代表的该类型网络音频平台爆火的原因，探讨其发展中存在的不足，探索猫耳FM持续发展之路。

二、相关概念界定

（一）网络音频

广义的网络音频是指受众通过网络传播和收听的所有音频媒介产品或内容，狭义的网络音频则是指完整的数字音乐专辑或音乐流媒体服务涉及唱片公司复杂的版权交易。（注：由于数字音乐已经形成较为独立的产业体系，故不归属为狭义的网络音频。）目前国内网络音频的实现形式主要包括音频节目（播客）、有声书（广播剧）、音频直播以及网络电台等。

（二）网络音频平台

网络音频平台是提供网络音频内容及相关服务的平台。近年来，音乐平台在市场竞争中逐渐明确了自己的定位和发展方向。按照网络音频平台的主要内容服务和业务发展方向，可以将我国的音频平台分为两种类型，即综合性音频平台和综合类阅读平台。

综合性音频平台是指提供包括音频直播、付费内容、有声书、网络电台等全类型、全方位音频内容或服务的综合性音频平台，具备大而全的特征。例如，喜马拉雅、荔枝FM、猫耳FM。综合类阅读平台是指提供出版电子书、网络文学、有声书、漫画在内的多种形式数字阅读内容的综合类阅读平台，其中有声书是重要的业务组成部分。例如，QQ阅读、掌阅、咪咕阅读。

（三）网络音频平台的广播剧

网络广播剧与传统广播剧本质一样，但在题材上更为广泛。网络广播剧多以古风、悬疑、惊悚和动漫改编为主，其发展与互联网发展息息相关。起初网络广播剧多以配音爱好者"为爱发电"为主，不以营利为目的，随着网络广播剧的商业化发展，一些配音爱好者走向职业化，建立工作室，生产商配（以商业化为目的，获取收益的配音）的网络广播剧。

三、网络音频网站广播剧爆火的原因

（一）多元话语符号共现获得的听众信任，引发回应

符号，实质是一种象征物，是信息传播的基本介质。它不仅包含文字、语言、电码等常见形态，还囊括了动作、仪式、游戏、艺术、神话等多重话语样态。

鲍德里亚（法国社会学家）认为当今社会在某种程度上已成为消费社会，消费成为社会的中心是一种积极的建构方式。不难看出，鲍德里亚认为物品必须具有某种特殊的符号意义才能成为被消费的对象。网络音频网站的广播剧日渐被"符号化"，人们对它们进行消费是因为它们符合人们需求的符号价值。同时，这些消费群体又通过特定的符号将网络广播剧二次传播。在网络广播剧作品中，话语符号的合理运用是构建情景信任和社会信任的重要渠道。

猫耳FM制作的广播剧注重人声、音效、背景音乐的结合，具有象征性价值的音频符号交叉式呈现。听众在听剧过程中可以仅依靠听觉获取直观沉浸式的体验，从而建立起广播剧与听众之间的信任。在这种信任心理推动下，听众之间口口相传，同时运用留言、音乐片段、文字、截图等多样化符号，对网络广播剧进行二次评论、传播、扩散。听众在自己的交际圈分享网络广播剧，引发不同圈层的人回应。听众参与网络广播剧讨论、互动的过程，实质也是借助多元符号助推该广播剧口碑流传更广、在更大范围内赢得受众普遍信任的重要因素。猫耳FM充分利用多元话语符号共现，将热门IP和人气CV相结合，通过多角度广播剧的呈现方式，同时引起了IP粉和CV粉的兴趣，为网络广播剧吸引了大批粉丝。

（二）受众的使用与满足

使用与满足理论站在受众的立场上，认为受众是有特定"需求"的个人，受众对媒介接触活动是基于特定的需求动机来"使用"媒介，从而使受众的这些需求得到"满足"的过程。同样，受众在选择使用猫耳FM听广播剧时也有一定的需求和动机。

猫耳FM的定位是"来自二次元的声音"，是一个专注提供ACG相关内容和服务的二次元网络音频平台。从整体来看猫耳FM是一款垂直化的社区，主要迎合声控、二次元爱好者、日语爱好者、原耽爱好者等。其主要针对的用户群体是20～30岁的女性[5]。猫耳FM成立至今先后开设了二次元音频、有声漫画、广播剧和直播等板块，其主要的业务套路是将国内市场的热门大IP与人气配音演员结合制成有声漫画或广播剧。猫耳FM的传播主体主要分为三类，专业CV、配音工作室、UP主，其生产主体相对单一，但是也正因如此，猫耳FM生产内容有较强的针对性。这些具有一定专业能力的生产主体，为一些声音爱好者们提供了优秀的声音作品。

2010年开始各大视频网站纷纷试水自制网络电视剧,热门言情IP被改变成影视作品,如《校花的贴身高手》《微微一笑很倾城》《老九门》等。经过十年的发展,网络自制电视剧市场已经趋于饱和,部分言情影视作品的剧情难以摆脱原有的套路,受众审美走向疲劳。同时,随着女性社会地位的提高,经济实力的增强,女性群体已经成为不可忽视的消费群体。传统的迎合男性审美需求的文学和影视作品无法满足女性群体的市场需要。而网络广播剧有着相对开放的环境,并因其新颖地将受众从"看故事"引入"听故事"的表现形式,网络广播剧成为一种IP开发的新方式,吸引了大量"00后"和"90后"的女性用户。

猫耳FM的业务线并不局限于制作网络广播剧,根据用户需求猫耳FM增设了语音直播的功能。猫耳FM的语音直播重视CV与听众的互动,设有唱见、pia戏、闲聊等环节,既可以满足一般听众解放双眼、获得听觉享受的需要,又能满足CV粉丝听众与偶像互动的需求。[6]戈夫曼的"拟剧理论"认为,"社会中的人在某种程度上都进行着表演,针对不同场景、对象、要求在前台扮演着不同角色"。他将人类的表演场所称为舞台,并将舞台划分为前台与后台。前台是"个体在表演期间有意无意使用的、标准的表达性装备"。后台是相对于前台的部分,是表演者"表演"结束后的区域,也就是与表演舞台相分离、观众无法进入和看到的地方,是个体得以放松和休息的场所。在猫耳FM的直播平台,配音演员打破了前台和后台的界限。配音演员不只局限于广播剧中角色的印象管理,通过直播将具有生活气息的本人鲜活的形象呈现给观众。满足受众摆脱虚拟角色回归现实、将虚拟角色具体化的需求。

除了线上的网络广播剧推送和CV语音直播,猫耳FM积极拓展线下业务线,例如,"M声优祭""CV签售会""CV见面会"等线下活动。[7]不同于线上广播剧和直播的传播范围广、持续时间长的特点,猫耳FM的线下活动更倾向于满足平台核心用户的需求。网络广播剧对听众的影响并不局限于剧情本身,部分听众因为喜欢剧中角色会与配音演员产生共情,这使得越来越多的配音演员形成或扩大了自己的粉丝群体,这部分受众不满足于仅仅是隔着屏幕与配音演员互动。猫耳FM举办的线下活动多为热门IP角色的配音演员见面会、大型的CV交流会,这正满足了配音演员的粉丝群体与偶像见面的需求。[8]

(三)实时弹幕的匿名性提高用户活跃度

弹幕系统最早产生于日本弹幕视频分享网站niconico,弹幕视频是观众在观看视频时，通过弹幕系统发布自己的观点，观众发布的观点与视频具有同步性，所有同时或者延时的观众都能看到这则观点。niconico 是一个针对二次元受众的动漫视频平台，这种弹幕系统成功应用的案例为我国建设自己的弹幕视频系统提供了借鉴。

猫耳 FM 的定位是"来自二次元的声音"，其平台开发之初就非常注重弹幕效果的呈现，极具二次元风格特色，迎合受众的需求。在广播剧中设置实时弹幕，可以达到反馈及时的效果，在同一时间听剧的受众可以进行良性交流互动，讨论剧情，抒发感情，而没来得及在广播剧更新第一时间收听的受众也可以通过弹幕互动的内容了解广播剧更新之时的环境和趣事，增强听剧的感受和理解能力。另外，猫耳 FM 的弹幕系统具有匿名性，为听众提供了一个相对安全的表达观点的场所，在符合猫耳 FM 网络音频平台基本规范的基础上，受众可以自由表达自己的观点，甚至寻找引起情感共鸣的伙伴，增强群体的互动性。猫耳 FM 的主要用户群体是 20～30 岁的二次元女性，处在告别校园踏入职场的重要人生阶段，受到来自家庭和社会的压力或者一些传统观念和道德规范的压力，她们往往不愿公开表达自己的观点。猫耳 FM 弹幕系统的匿名性使"沉默"的用户活跃起来，她们可以在弹幕中畅所欲言，讨论自己所爱的小众文化，形成专属于她们领域的身份认同。[9]

（四）社交媒体碎片化传播加速了信息分发与裂变

移动互联网技术快速发展，新媒体技术革新，推动着人们生活方式的转变。我国以"抖音"为代表的短视频近年来在网络掀起风潮。极光《2021 年 Q3 移动互联网行业数据研究报告》显示，2021 年第三季度短视频用户规模和用户时长保持双增长。移动网民人均 App 单日使用时长为 5.5 小时，其中短视频行业用户时长占比提升至 31.6%，人们数字化的生活习惯正在养成。不可否认，社交媒体尤其是短视频平台已成为信息传播的最有力渠道。依靠庞大的受众基数、感性逐利的受众心理，社交媒体碎片化信息分发模式已经形成。

猫耳 FM 将平台优质的网络广播剧剪辑成符合短视频平台传播方式的具有丰富趣味性和娱乐性的作品在各大短视频平台投放，借助抖音、快手等短视频社交媒体的碎片化音频段落、截图、评论进行推广以挖掘潜在受众。另外，短视频平台有强大、精确的用户数据分析，可以较为精准地定位用户，推送相关视频，吸引听众。短小精悍的短视频方便听众的转发分享，网络广播剧借助社交媒体的裂变式传播扩大影响力。这种碎片化的传播方式有助于猫耳FM网络广播剧的"出圈",猫耳FM的主要受众是热爱二次元的群体,与之相比,短视频平台的受众呈现多样化的特点。碎片化的传播有利于猫耳FM挖掘"圈外"受众市场,探索新的网络广播剧内容,开发更大的网络广播剧听众市场。[10]

四、网络音频平台广播剧发展困境

(一)内容的原创性仍有较大的进步空间

最初的网络广播剧生产是由一群配音爱好者自发组建而成的配音社团制作的,这种广播剧的生产是无营利目的的。虽然这些配音爱好者并非全是专业配音演员或是制作组,共同的兴趣爱好使他们聚集在一起,讨论剧本、设计台词、分配角色、现场演绎和录音、后期制作。给予热爱制作的网络广播剧,创造相对自由的环境,剧本的新颖、配音情绪的表达给听众不可比拟的新鲜感。也正因为没有专业的制作团队,常常有一些网络广播剧出现"弃坑"的现象,其制作和传播具有很大程度的不确定性。

随着网络广播剧商业化的发展,网络广播剧制作的专业程度大大提高。这些商配网络广播剧大都是根据网络热门IP改编制作。其生产流程大致为:投资方选定热门IP,选择配音工作室出品,邀请具有一定人气的专业CV。但是热门IP并不是无限的,猫耳FM经过几年付费商业网络广播剧的发展,改编热门IP的广播剧市场趋于饱和,要想促使平台持续健康发展,不能忽视平台原创内容的制作。猫FM的生产主体包括专业CV、配音工作室和个人UP主,商业广播剧聚焦于与专业CV和配音工作室合作。付费的大环境下大大地扼杀了个人UP主的创作热情,网络广播剧自我创新能力降低。

(二)网络广播剧"饭圈化"运营

2017年湖南卫视出品的原创声音魅力竞演秀节目《声临其境》,2020年哔哩哔哩和猫耳FM联合出品的《我是特优声》都是声音选拔类节目;2021年由克拉克拉、漫播App联合出品的《声演的力量》是配音演员成长真人秀节目。这些综艺节目使配音演员走入大众视野,越来越多的人开始关注配音圈,了解配音演员。部分原著粉和广播剧粉不再只是单纯的喜欢角色的声音,而是寄情于拥有这个声音的配音演员,关注配音演员的外貌和性格,使配音演员逐渐偶像化。另外，资本影视公司下场，加速了网络广播剧的"饭圈化"运营。

配音演员的偶像化为网络广播剧带来了一定的"粉丝经济"。CV 的粉丝效应，不仅体现在粉丝对商业广播剧的付费意愿上，而且包括配音演员主演的广播剧角色周边产品购买、猫耳 FM 平台的线上直播打赏、粉丝线下见面会、签售会门票购买等一系列的"追星行为"。不可否认，商业化是网络广播剧的必经之路，粉丝带来的经济利益的增长一定程度上能激发网络广播剧的发展活力。但是部分粉丝的购买行为具有一定的不理智性，"饭圈化"可能会引起各配音演员粉丝之间的谩骂、争吵，形成恶性竞争的环境。

另外，配音演员的偶像化这一套运营模式与猫耳 FM "来自二次元的声音"的定位有所相悖。二次元主要是指动画、漫画、游戏等之中的"纸片人"，区别于我们所处的现实生活的三次元真人，定位为二次元的网络音频平台过度的"饭圈化"运营会使部分二次元受众产生剥离感，如此，猫耳 FM 相较于喜马拉雅、荔枝 FM 等网络音频平台的优势就日趋减小，不利于猫耳 FM 长远的发展。

（三）专业配音演员缺乏，内容单一或脱离现实易产生刻板印象

刻板印象是指社会上对某一群体的特征所做的归纳、概括和总结。刻板印象的产生往往是判断主体以所谓的"历史经验"判断某类人群或某些事件，它是存在于人们头脑中的一些固定的看法，这种看法不以直接经验为依据，不以事实材料为基础，不考虑个体的差异。

1. 网络广播剧角色形象的同质化

当下网络广播剧受到越来越多的关注，作品数量急剧增长，但从事配音的演员数量并不多，优秀的配音演员更是少之又少。网络广播剧的出品方为了获得更多的经济效益往往会选择有一定粉丝基础的配音演员。配音演员有一定的可塑性可以变换不同的声色，但是同一个配音演员或多或少会有自己的配音特色，这就使得不同网络广播剧的角色形象类似甚至雷同。网络广播剧行业需要大量新人和新鲜血液。

2. 网络广播剧内容单一或脱离现实让人们对其产生刻板印象

猫耳 FM 作为一个二次元网络音频平台，其推出的网络广播剧内容较为单一。就目前网络音频的发展情境来说，网络广播剧若想从小众走向大众，还需要进行题材分类的拓展，满足不同层次用户的收听需求。

另外，猫耳 FM 网络广播剧题材的单一性使配音队伍的男女比例逐渐失衡。

网络广播剧的受众青年女性占据多数，这部分受众更喜欢男性配音演员的声音，网络广播剧中的女性配音演员本身没有较强市场优势。市场环境如此，使女性配音演员的竞争压力增大，长期的"空窗期"使得她们不得不另谋出路。长此以往，网络广播剧中的优秀的女性配音演员更加匮乏，从而又会加剧网络广播剧的单一性，形成恶性循环。

五、网络音频平台广播剧的持续发展

经过2016—2019年的快速发展期，目前我国网络音频用户增长放缓，但仍具有较大的市场。随着我国车载技术的不断发展、5G落地，声音作为重要的交互工具，具有强大的伴随性的特点，网络在线音频势必会迸发出新的发展活力。网络广播剧要在音频消费市场中站稳脚跟，必须找到合适市场的发展之路。

（一）突破网络广播剧局限扩展发展之路

网络广播剧的深入发展免不了商业化进程，但商业化的发展却使其失去一部分的受众，在盈利和受众需求之间找到平衡点需要网络广播剧突破自身的局限，让网络广播剧商业发展综合化、流程化。猫耳FM作为一个面向二次元受众的网络音频平台，在融入商业化发展中有着独特的优势。热门小说IP角色本身就有着巨大的商业价值，网络广播剧可以利用赋予角色鲜活声音的方法深度开发热门小说IP的价值。在网络广播剧的制作中不一定只局限于声音模块，网络广播剧的制作方可以联系形象画师，为IP角色建立一个具体的形象，这样网络广播剧便突破了听觉的限制，实现了视听的结合。网络广播剧为角色创造漫画形象，不像动画那样需要消耗巨大的时间和精力，却能为听众带来持续的新鲜感，使其能更好地带入广播剧剧情，增强体验感。与传统媒体宣传不同，网络广播剧的受众比较固定，传统的广告宣传方式无法达到较好的宣传效果。因此，广播剧专题线下商演或许将成为更好的宣传手段。邀请网络广播剧CV参加线下商演既能满足CV粉丝的需求，更能通过这种互动的方式发掘广播剧潜在的受众。前期的制作策划、中期宣传推广固然重要，但商业发展的流程化更应该注重"售后服务"。从部分受众心理来看，网络广播剧的结束并不意味着剧中人生命的结束，这些鲜活的角色仍然存在于受众假想世界中。网络广播剧不受拍摄场景、演员样貌等客观因素的限制，应利用自己声音塑造的优势，适当地为剧拓展延伸。广播剧剧组可以通过更新番外、花絮等方式延续广播剧角色的故事，巩固受众。从网络广播剧制作到更新结束，要注重制作的综合化和服务的流程化，提供完美的服务业务，才能持续健康地实现网络广播剧的商业化。

除了突破运营方式的局限，网络广播剧还要注重突破内容的局限。热门IP开发制作并不是发展的长久之计，原创剧情应该受到广泛的重视，为受众提供优质的网络广播剧。热门IP改编的广播剧一定程度来说，原著粉丝在听剧人群中占据了相当大的比率，这部分受众的流动性非常强，他们会追随热门IP的改编剧组，而并不会成为该音频平台的固定粉丝。优质的原创内容更有利于吸引黏性更强的粉丝，但原创内容制作成本比较高、创作时间跨度大，在实现原创型改造的过程中，网络音频平台可以通过拓展业务内容来填补一部分受众需求的空缺。例如，网络音频平台可以和时下热播的电视剧合作，同步更新广播剧版，为受众追剧提供更多的选择；另外，可以深度挖掘名著的广播剧价值，增强网络广播剧文学性发展，打破受众的刻板印象；还可以拓展广播剧制作的主体，通过签约的方式培养属于自己平台的写手，根据用户需求拓展原创剧情。除此之外还可以在平台开设更便利的自由创作板块或者设立创作奖金，鼓励广播剧爱好者创作新颖的网络广播剧。

（二）培养和发展配音演员一体化

一个行业的发展需要不断输送行业人才。网络广播剧的持续化发展需要优秀的配音团队支持，一部出彩的广播剧离不开导演、策划、后期、音效团队，当然其中最重要的就是配音演员。配音演员的专业能力直接影响角色的塑造，从而影响受众的购买力，优秀的配音演员甚至可以因为自己的粉丝影响力带动一部网络广播剧的宣传。近年来，网络配音圈不断涌现出一些行业新锐，这些配音演员因其"颜值"广受关注，也因为自身的热度参演了一些网络广播剧，但因为演技达不到塑造角色的要求很快淡出观众视野。专业能力和粉丝基础俱佳的配音演员稀缺，这些优秀的配音演员往往塑造了很多角色，一定程度上会出现同质化的现象。就目前市场环境来看，网络广播剧仍需要大量优秀的配音演员。近年来一些配音工作室开放对外收费学员培训，优秀学员可以直接与工作室签约接广播剧，实现了培养和发展配音演员的一体化，极大提高了配音爱好者走向专业化道路的积极性。培养和发展的一体化值得推广借鉴，对配音有一定兴趣的人的专业化发展往往受局限，一体化不仅有利于配音演员的快速高质量成长,更有利于优化网络广播剧剧组的人员配置,提高工作效率和质量。配音演员新人的培养能为受众提供丰富的声音体验,不断激发网络广播剧市场活力。

(三)跨平台宣传推广

在这个媒介深度融合发展的时代,猫耳FM不能将自己的宣传策略局限于二次元平台。目前猫耳FM的广告投放主要集中在哔哩哔哩视频平台,它们有着类似的受众定位,聚焦二次元受众,这不利于吸引其他类型的受众,宣传的局限性一定程度上限制了猫耳FM用户规模的进一步扩展。充分利用各大平台的用户分析数据,与微博、知乎、豆瓣等受众类型丰富的平台建立宣传合作关系,挖掘潜在的网络广播剧受众。

除了广告投放平台的扩展,猫耳FM还可以充分利用短视频平台的自媒体账号进行宣传。这些自媒体用户将自己喜欢的广播剧片段通过短视频的方式呈现,但这一行为多是粉丝为爱发电,具有随机性和不稳定性。另外,短视频自媒体用户的跨平台剪辑网络广播剧的行为,存在一定的音频版权问题,这也是限制猫耳FM网络广播剧宣传的障碍。猫耳FM平台可以建立创作奖励机制,根据短视频的点赞、转发量给予视频创作者一定的资金支持,鼓励更多的自媒体用户创作宣传网络广播剧的短视频,在不同受众类型中形成网络广播剧宣传点,吸引更多的潜在网络广播剧爱好者。关于网络广播版权问题,猫耳FM可以公开授权一部分广播剧内容用于创作,为宣传主体提供更自由的创作环境。

综上所述,网络广播剧作为极具戏剧性和表现力的艺术形式,其发展仍有巨大的市场潜力。同时,网络音频市场的发展也对网络广播剧提出了新的要求,网络广播剧要在新生配音演员、优质剧情内容、适合的传播方式等方面耐心钻研。这样就能促进网络广播剧的良性发展,使网络广播剧的影响范围不断扩大。期待在不远的未来,网络广播剧能够带给我们更多独创性内容和新颖的呈现模式。

● **参考文献：**

［1］李树勇．多媒体时代广播剧的现状与出路［J］．记者摇篮，2016（1）：58-59．

［2］艾媒咨询．2020-2021年中国在线音频行业研究报告［EB/OL］．（2021-01-12）［2021-03-31］．https://www.iimedia.cn/c400/77771.html．

［3］叶正红．基于5W模式下喜马拉雅FM和猫耳FM的比较研究［J］．新媒体研究，2019（6）．

［4］宋安奇．社群经济视角下网络付费广播剧发展探究——以猫耳FM为例［J］．新闻研究导刊，2019（17）．

［5］运营喵．产品体验报告：猫耳FM，来自二次元的声音［EB/OL］．（2019-12-23）［2021-01-29］．https://www.yymiao.cn/yunying/pm/18495.html．

［6］张昕．网络自制剧成功的传播学分析［J］．今传媒，2015（2）．

［7］尚玉．猫耳FM广播剧内容运营策略研究［D］．保定：河北大学，2020．

［8］徐梦璐．网络广播剧平台的建设与优化——以猫耳FM为例［J］．产业与科技论坛，2021（1）．

［9］王慧妍．二次元化网络广播剧商业化转型的SWOT分析——以猫耳FM为例［J］．戏剧之家，2020（2）．

［10］刘才琴，林雪颖．网络广播剧平台猫耳FM发展策略研究［J］．新媒体研究，2020（14）．

| 第三部分 |

全维课堂中的行业考察与分析

　　基于问题意识,同学们走出教室、校园,进乡村、进社区、进工厂、进商场、进行业等一线,以广义传播学的视角,考察探讨社会文化现象,研究现实问题,真正实现走出象牙塔的目标,完成学业与行业、就业的对接,达到"全维课堂"建设的要求。

　　同学们在这个过程中,体现出敢于吃苦、善于吃苦、乐于吃苦的精神,培养了责任担当意识,收获了校内课堂、书本理论学习无法取得的成果。

扬州题材诗词与城市形象传播研究

陈晓慧[*]

【摘要】 中国古代诗词中以扬州为题材的作品众多,扬州城市的意象在诗词表达中也独具意蕴。本文对这类古代诗词的文本分析与写作背景,尤其是唐宋两时期以扬州为主题的诗词的发展进行深入探讨,发现这些诗词在扬州城市形象传播中不仅起着提升城市文化影响力的作用,具有前瞻性的思考、展望和设想,而且有利于塑造城市建筑构造、提高人文情怀。

【关键词】 扬州;诗词意象;城市形象;文化传播

诗词是中国文学史上璀璨的明珠。唐代被称为诗的时代,宋代被称为词的时代。扬州犹如一位美人,沐浴在唐诗宋词之中,它身下的花、柳、城池、桥梁无不散发着文化气息。诗词的发展给扬州这座城市带来了文化诗韵的变化,扬州诗词对于中国文人来说,具有独特的意味和价值。

一、唐代咏扬州诗的繁荣发展

唐代,在中国历史上是浓墨重彩的时代,经济政治文化的繁荣发展,带动了诗词歌赋的发展。诞生于这一时代的唐诗,展现了繁华浪漫的盛世气象,是留给后人的精神财富。初唐这一阶段,扬州诗歌大多以记录朝廷政事、君臣功

---

[*] 作者系临沂大学传媒学院新闻系 2021 级学生。

德的内容为主,描写扬州自然风光、楼台美景的诗句则相对较少。唐代的政治经济中心是长安和洛阳,尽管唐代诗人笔下也不乏提到扬州的著名诗句,比如诗仙李白就在此留下《秋日登扬州西灵寺塔》《广陵赠别》等诗作,但此时的扬州并不是诗人聚集之地,仅仅是诗人进京赶考或是游玩山水时路过休憩的地方。

据相关史料记载,有关扬州的诗在初唐仅有八十首左右,而到了安史之乱后,许多诗人南下扬州,在此留下了大量脍炙人口的诗作,关于扬州的诗歌从之前的八十首左右迅速增长为三百多首,并且诗的主题相比之前更为丰富[1]。这一时期的诗人开始关注扬州本身的魅力,不再以国家政事为主题,而是慢慢过渡到文士唱和、怀古等主题,赞美扬州风景与名胜古迹的诗作更是不在少数。

其中最有名的当属扬州本土诗人张若虚的《春江花月夜》。"春江潮水连海平,海上明月共潮生。滟滟随波千万里,何处春江无月明?……"这首冠绝全唐的诗作描绘出扬州的月下美景,将扬州的明月写得如梦如幻。闻一多先生评价它为"诗中的诗,顶峰中的顶峰"。长江之滨,黄鹄矶上,李白在送好友孟浩然下扬州时,写出著名的绝句《黄鹤楼送孟浩然之广陵》,诗中有三月扬州风和日丽、自然清新的美景,更道出了对祖国山河的赞美之情。

诗歌不仅记录世间的风土人情,传递中华优秀传统文化,而且还是诗人用来表达自己内心情感、抒发豪迈情怀的工具。唐诗中关于扬州的诗句由少变多,这一过程与当时整个社会经济的变革、思想文化中心的迁移密不可分。这一时期的诗人经历了从慷慨激昂、怀有无限希望到因为时局不稳、朝廷动荡而心生忧郁,继而转向山水,向往美景的历程,由此可以看出咏扬州诗发展的复杂性。

二、宋代咏扬州词的多重情怀

宋词是中国古代文学史上另一颗光辉夺目的宝石,历来与唐诗并称双绝,与唐诗、元曲鼎立,称为"一代文学之胜"。关于词的起源说法不一,有学者认为词起源于诗,是诗歌的一种变体。随着民间俗文学的价值及意义受到重视,产生了词起源于民间的新说法。也有学者认为词大约出现在唐高宗时,中唐以后才开始流行起来。唐代的词作者不断创新词的形式,出现了一些优秀的词派。进入宋代,词的创作与发展令人惊叹,佳作层出不穷,使宋词在诗歌文化史上占据了重要地位。

　　北宋时政局安稳，天下富庶，而南宋时因为外敌入侵，战乱频繁。正因为宋代是一个复杂多变的朝代，宋词的发展也呈现出复杂与多元的特点。很多词派与题材百花齐放，出现了不少著名词人。以扬州为主题宋词的发展也呈现出两个特点，前期以追求高尚风雅、展示扬州的富庶繁华为主，后期没有了诗酒快意，只有面对战乱后荒凉扬州的悲痛之情。特殊的时代背景孕育了不同风格的词人，不管是描写扬州的繁华与美好还是悲伤与寂寥，都已成为扬州城的历史。这些词作代表了扬州这一特殊环境带给词人的影响，使词人笔下的扬州城，增添了一种时代的悲剧色彩。

　　南宋是多事之秋，饱受战火，扬州在这一时期更是处于动荡不安的局面。宋高祖时，扬州因其商业地位成为金人觊觎之地。因战火不断，不少百姓家破人亡，流离失所。在这种时代背景下，宋词在表达情感方面更为丰富与细腻，相较于唐代诗人对扬州自然美景、名胜古迹的赞美不同，南宋词人由于身处战乱，满目萧条，词作多抒发伤感、悲痛的情怀，或是写与家人、亲友分别的不舍留恋，或是面对国家大难，抒发壮志难酬之情。宋代词人姜夔在踏入扬州后，面对眼前萧条凄冷的扬州城，内心悲凉，感慨于扬州城的变化，创作《扬州慢》来抚今追昔。辛弃疾的词作《永遇乐·京口北固亭怀古》中写道："四十三年，望中犹记、烽火扬州路。"表现出诗人渴望国家统一、收复中原，对战争的厌恶及对当权者的无奈与控诉。

三、扬州城市形象在唐诗宋词中的演变

　　扬州在初唐时期经济发展相对平稳，但社会结构日趋分化，手工业和商业的发展使扬州的各种社会活动开始兴起，各阶层各行业之间的关系变得紧密，专门化的功能互补的社会组织开始形成，满足了不同阶级在经济、文化、情感方面的需求。社会的每一层结构所承担的功能也越来越专门化。总的来说，扬州当时的经济模式依旧属于传统小农经济，只是在此基础上出现了结构分层的现象[2]。而科举制的实行，也使社会阶层出现了改变，带来了积极的社会效果。

　　安史之乱后，扬州的政治经济形势发生了巨大的转变。安史之乱使北方经济遭受重创，战争引起各地人口动荡，迫使百姓开始南迁，而扬州作为江南重

要的交通枢纽，吸引了众多百姓在此落户，扬州一跃成为新的经济中心，城市人口数量达到了一个新的高峰。在饮食方面，战争使不同地区的百姓杂糅在一起，因此菜品不仅符合本土居民的口味，而且不同菜品之间也相互融合，丰富了扬州菜系。在城市形态方面，这一时期的扬州呈现出"一城两池"的样貌。

除此之外，扬州地理位置优越，水运便利，盐业发达，有"盐都"之称。文人刘肃写道："俗尚商贾，不事农业。"正是对盐都扬州的描述。同时，扬州的制造业也发展迅速，铜镜制作工艺不断创新，扬州在唐朝成为数一数二的铜镜制造业中心。《朝野佥载》中有记，唐中宗得了扬州进贡的一面方丈镜，镜如水心，青莹曜日，堪称绝世之宝。扬州制造业之发达，由此可见一斑。

北宋时期，扬州经济发展呈现出以农业为基础、商业为补充的城市经济体系，农产品和手工业产品的商品化程度飞速发展，经济交互圈不断扩大，城市化水平也进一步提高。司马光的"万商落日船交尾，一市春风酒并垆"，是当时扬州水运发达的写照。这一时期，扬州依靠以汴京为中心、连接北方和东南各地区的水路交通网，经济贸易发展相比于唐代更为迅速。

扬州除了著名的景观瘦西湖之外，与它相邻的"宋三城"也是值得一探的美景，它兼具典雅的人文景观和郊野的自然风景。宋初，名将韩令坤大破南唐，占领扬州，对其进行改造，将城市向内收缩，这就是"宋大城"的雏形，主要以居民区和商业区为主。后来南宋皇帝宋高宗偏安于扬州，扬州成为防御金兵的前哨要塞，便依地势修建了军事防御设施，即"宝祐城"。宝祐城与宋大城之间修建连接二城的"宋夹城"，主要用来修建仓库，贮备资源。这样一来，扬州之地就被划分为三城——"宋大城""宝祐城""宋夹城"。[3]

而这一时期扬州的文化艺术也迎来了辉煌时期，雕版印刷肇始于隋，精于宋人。在古籍收藏界中，"宋版书"的地位很高，俗称"一两黄金一页书"，历来是古籍收藏的极品，宋版书对当今乃至未来的中国纸质书刊发展也有着非比寻常的指导意义[4]。这些历史文物对于我们去探索扬州的历史文化具有重要价值。

四、扬州城市形象与诗词意象的关系

（一）诗词展示风景名胜

扬州"瘦西湖"之名最初见于清初吴绮《扬州鼓吹词·小金山》："城北一水，

通平山堂，名瘦西湖，本名保障湖。"而让"瘦西湖"名扬天下的，大约是乾隆年间的诗人汪沆笔下的《瘦西湖》。汪沆是钱塘人，相传他来到扬州，在游览瘦西湖之后，与家乡杭州西湖进行比较，一边是犹如唐朝美女杨贵妃，雍容华贵的杭州西湖，一边是如汉朝美女赵飞燕，轻盈苗条的扬州西湖，两者相互争艳却各显各的独美之处。于是，汪沆便写下了这样的诗句："垂杨不断接残芜，雁齿红桥俨画图，也是销金一锅子，故应唤作瘦西湖。"

除瘦西湖外，扬州其他的风土人情也通过诗词独有的方式呈现。扬州琼花是我国历史上的名花，古代诗人写了不少赞美的诗篇，表达了人们无限的憧憬和向往[5]。北宋欧阳修《答许发运见寄》诗云："琼花芍药世无伦，偶不题诗便怨人。"就是咏叹扬州市花的美。清代诗人王士禛的《浣溪沙·红桥》："北郭青溪一带流，红桥风物眼中秋，绿杨城郭是扬州。西望雷塘何处是？香魂零落使人愁，淡烟芳草旧迷楼。""绿杨城"从此成为扬州的别称。因为绿杨城所传达出的浓浓情意，扬州人还开发了一款名叫"绿杨春"的茶叶。这茶采摘于每次雨后的清晨，晶莹剔透的水珠流动在茶叶之上，经过光的照射闪闪发光，散发出的清香与薄荷不相上下。

（二）诗词描绘城市建构

唐代诗人刘希夷的《相和歌辞·江南曲八首》有"晴云曲金阁，珠楼碧烟里"，展示出扬州的城市建筑。古代扬州不仅建高楼，而且注重楼阁的雕饰，"金阁"与"珠楼"使用了红黄两种华丽而又明艳的色彩来进行搭配，使楼阁隐藏于碧烟之中而又十分亮眼，登楼远眺，晶莹剔透的碧空尽收眼底，俨然一幅优美的画作。

一座城市，不仅包含独具风格的建筑，更离不开其中活动的人群。古扬州的楼阁，正是扬州人民生活、游玩、消遣的载体。古扬州的楼阁，可能不如岳阳楼所拥有的恢宏气势，也未必有滕王阁那璀璨的文化底蕴，但扬州的楼阁，更多的是展示风雅、宜人，它们不需要骄傲地耸立，刻意地成为一个城市的标志，而是借着江南的雨水，朦胧在人们忽远忽近的视野里，构建出一个繁华的、充满人间烟火气的古城扬州。明代诗人王锜所著《寓圃杂技》中有"春风阆苑三千客，明月扬州第一楼"的诗句，正是感慨扬州楼阁建筑的雄伟之处。

作为江南水乡的扬州，桥是随处可见的建筑。它横跨水流，连通两岸，是扬州人文画卷中不可缺少的意象。在唐代诗人杜牧的诗歌当中，"桥"代表了扬州的城市形象，体现出完美的艺术境界。"二十四桥明月夜，玉人何处教吹箫？"（《寄扬州韩绰判官》）作者用桥这一深入人心的建筑，通过每一个字符具体化，建构出让人身临其境的画面感，让读者回味无穷。

因此，在人们对古代扬州城的了解过程中，诗词发挥了巨大的意义，从诗词中我们可以感受到一座城市建构的历史，不同时期的诗词对不同时期城市的形象变化也产生了影响。

（三）诗词再现风俗民情

划龙舟是扬州传统的民俗活动，自古以来描写扬州划龙舟的诗词不少。清代名士王仲儒在所著的《西斋集》中收录了一组扬州"端午竹枝词"，其中一首云："东舍西家忙不了，菖蒲香里看龙舟。"采用了白描手法，描绘出扬州城外河中龙舟竞渡的场景。

民俗文化是一个非常宽泛的概念，凡信仰禁忌、祭祀占卜、岁时节日等，都可以归属于民俗文化[6]。中秋祭月，是中国十分古老的习俗。扬州当地有这样一句俗话："男不拜月，女不祭灶。"参加拜月仪式的必须为妇女和孩童，主祭大多为老祖母或是当家的主妇。清末扬州文学家李涵秋的《广陵潮》是以扬州的风俗民情为背景而创作的长篇小说，其中第六十回有一段对于拜月仪式的描写，写出了扬州人民对于这一民俗的重视和传承。

（四）城市发展与诗词创作的关联

当无数诗人踏上充满诗词意境的扬州土地时，内心的感情犹如喷泉一般迸发，于是，一首首描绘扬州的诗词便在他们的才情驱动下应运而生。

大运河的开凿，造就了扬州在历史上的优越地位。在这千古河段之中，无数文人墨客留下绝笔。杜牧的"春风十里扬州路，卷上珠帘总不如"，刘禹锡的"沉舟侧畔千帆过，病树前头万木春"……这些千古名句，不仅描绘了运河扬州段美丽的风光，更是道出水流无限的柔情，扬州运河的水波软化了才子们的心。

诗词中也有扬州园林的身影。有诗云："天下三分明月夜，二分无赖是扬州。"扬州有"月亮城"的美名。据史料记载，在扬州何园片石山房的水池边，有一处"镜花水月"奇观，是当时石涛设计片石山房时创造性地在假山上做了一个圆孔，每当夜晚的月色透过这个圆孔映入水中时，就宛如一轮明月倒映水中，更让人叹为观止的是，一经人们走过，水中的月影就会随着人们视线角度的不同，从圆圆的明月渐变成尖尖的月牙再恢复到圆月，因此便展现出"天下三分明月夜"的意象。

古代扬州有千余条巷，纵横曲折，如脉如根，称其为"巷城"恰如其分。街巷整体布局十分简单，距离长短不一、宽窄不一，只是随着地势的形态具体而定，但巷子与巷子之间相互连通[7]。其中有代表性的结构就当属"鱼骨状"的巷子，其巷子主街道类似于鱼的长骨，两边分生出许多支巷，从上面看，整条巷子的形状犹如鱼刺，故称鱼骨巷。这些大大小小、形状各异的巷子相互连通，构成了让人流连忘返的古城街巷，展示出南方城市独特的美。在这里游玩的客人脑海中会闪过"扬州城，巷子深，户挨户，门对门，门里门外一家人"这样脍炙人口的民谣。

结 语

纵观历史长河，诗词文化以其强大的生命力不断滋养着后来人。诗词文化在过去、现在、未来依旧保持着独具特色的传播价值。同时，诗词所带来的传播价值对于城市形象的发展、塑造更是起着不可或缺的作用。时至今日，以文昌阁建筑形象为印花，诗词为注释制作的徽章、文具包、卡片等创意产品，仍然受到消费者的欢迎，它们不但可以将扬州的古建筑文化、城市样貌展现给公众，也为传统诗词文化传播提供了渠道[8]。今后，除了借助新兴媒体的力量去传播中华优秀传统文化与城市形象，也要注重将诗词的意境与城市建筑艺术融合在一起，将扬州这座城市的山水、花草、园林、建筑等包罗万象的元素合为一体，最终呈现出一个以诗为美、风景盎然的扬州。

● 参考文献

［1］陈洁. 安史之乱前后扬州诗歌创作［J］. 青年文学家，2011（21）：2.

［2］李梦遥. 唐代扬州城社会生活研究［D］. 沈阳：辽宁大学，2021.

［3］王若禹. 诗词话扬州——探觅古代扬州城市环境美学［J］. 名家名作，2022（17）：67-69.

［4］刘礼福. 韦力："大美"宋版书，不止"一两金"［J］. 艺术市场，2020（6）：36-39.

［5］徐晓白，张人龙. "扬州琼花"的探讨［J］. 园艺学报，1964（4）：423-425.

［6］伍大福. 论李涵秋社会小说中的民俗文化与苦乐人生——以《广陵潮》为考察中心［J］. 西南科技大学学报（哲学社会科学版），2010（2）：44-48.

［7］陈艳芳. 唐诗与扬州［J］. 文学界（理论版），2012（5）：44-45.

［8］黄秋羽. 诗词文化的现代传播与未来发展［J］. 今传媒，2022（10）：87-89.

电商"网红"的兴衰周期性及应对策略

吕蕙芝[*]

【摘要】 本文在分析电商"网红"的基础上发现电商"网红"经济呈现的周期性为短期内向好发展，利益规模非常可观，但长远来看必将被更新的事物所代替。鼎盛之前向好发展，鼎盛之后波动衰退，商品价值决定论理性回归，电商网红走向衰落是必由之路。延长网红电商生命周期的主要策略从电商平台、"网红"管理及行业规章三方面进行，电商平台需跳出同质化，加强创新，"网红"需严格自我管理、纠正不良风气，而新媒体行业规范必须加以重视，需要更加优质的策略来辅助电商"网红"经济的健康发展，延长生命周期。

【关键词】 电商网红；周期性；电商经济；直播

近几年网络技术的飞速发展，互联网越来越细密地融入生活的每个角落。随着新媒体平台的普及，用户的注意力越来越成为电商经济追逐的核心要素。用户的注意力即流量，便是经济效益的来源，所以在某种程度上，新媒体时代又可被称为流量经济时代。"网红"效应与明星带来的影响不同，在移动终端飞速进步的今天，"网红"效应很好地迎合了用户碎片化网上冲浪的特点，使其轻而易举地拥有了巨大的粉丝规模，同时也通过流量变现助力了电商经济的发展。本文在分析电商"网红"的基础上对现阶段"网红"经济发展中存在的周期性问题进行探讨，并就如何延长电商"网红"的生命周期提出策略。

---

[*] 作者系临沂大学传媒学院2021级新闻系学生。

一、电商网红的特性

"电商"就是利用计算机技术、网络技术和远程通信技术，实现整个商务过程的电子化、数字化和网络化，极大地突破了时间与空间的限制，尤其在网络媒体越来越细密地融入网民生活的时代，其相较于传统商务的优势显而易见。"网红"可以称为某个领域的意见领袖，因为在某一方面的知识密度很"出圈"而赢得网民的追捧与信任，在互联网平台走红并且吸引大量流量。

当"网红"踏足电商，庞大的受众群体加之高度的用户黏性，所产生的吸引力是难以用一两个词语来形容的。热门主播在日常的网络视频分享中植入对产品的认可，所带来的效益是显而易见的。比起传统的网络明星代言，"网红带货"效果反馈更快更激烈，最重要的是可以根据"网红"的影响领域即"网红"所吸引的粉丝群体的特点，来精准推广与之匹配的产品，对于大部分广告主来说，"网红"短视频推广是一个不二的选择。"网红"博主借助抖音、快手等的短视频平台定期进行带货直播，把流量集中变现，相当于把自己的流量售卖给广告主以获得高额佣金，而广告主通过主播出售产品获得利润。

理想状态下的电商"网红"，通常通过短视频作品赢得受众的关注，并且借助有规律的作品输出留住粉丝、获得粉丝的信任。在直播带货或者广告植入之前，最重要的步骤就是用心做好品控，也就是作为网红选择什么样的产品拿来售卖，以自己的粉丝数量和精准定位适宜用户为筹码，向相对应的广告主拿取低于官方渠道的价格。低价回馈粉丝的同时，作为把关人的"网红"更需要选取优质的产品，粉丝尝到甜头会更加认可主播，流量变现也会越来越顺利。同时，主播把好的营业额反馈给广告主也会拿到更多更优惠的政策帮扶，以此产生良性循环。但这种理想状态不容许任何一个环节出错，主播的名声信誉、产品的质量价格、持续优质的创意输出、广告植入的恰到好处等，每一个步骤对于电商网红来说都至关重要，如果生态平衡因为其中任何一个环节遭到破坏，便前功尽弃，面临危机。

二、电商网红的生命周期性

每个事物尤其是新生事物都有其发展规律与阶段性，可以预见的是经过兴起发展、飞速扩大影响力的长势之后，会慢慢走向平静。从市场角度而言，"电商经济"的存在具有一定的商业价值，已经成为一种新的社会现象，并逐渐被大众所接受和认可。通过对当前"电商经济"的崛起与发展状况的分析，可推断出它现在处在产品生命周期中成长阶段，可以说是方兴未艾。"网红经济"的形成与传播，不仅能够带动相关产业的蓬勃发展，而且还能为广大网民提供全新的信息交流平台，从而实现经济效益的最大化。在消费者还没有产生审美疲劳的时候，"电商经济"还有较大发展空间。

产品的生命周期又可分为一般产品的生命周期和特殊产品的生命周期。"网红"产品大多可以归入"热潮型"产品，属于四类特殊产品之一，因而其生命周期基本呈高狭峰倒"U"形曲线分布态势[1]。网红商品生命周期和"电商经济"生命周期既有密切联系，又有区别。电商网红的热度在到达顶峰之后整体呈下降趋势，但这个过程中难免出现波动，因为各种不确定因素的刺激可能会再度火热一番，但往往不会超越鼎盛时期，会出现连续不断的小峰状。所以"电商"品牌的成功不仅取决于其自身所具有的商业价值，更重要的在于它在整个"电商经济"中扮演了怎样一种角色，即如何实现"网红"产品生命周期的最大化，如何达到更高程度的鼎盛，如何在走向衰退的过程中减速并获得新的热度。

按国家计委发布的《制止牟取暴利的暂行规定》来界定暴利与合理利润，即经营者经营某一商品或服务，其价格水平或差价率或利润率不得超过同一地区、同一时期、同一档次、同种商品或服务的市场平均价格或平均差价率或平均利润率的合理幅度，超过这一"合理幅度"的为暴利，低于这一"合理幅度"的则为合理利润[2]。而许多网红店铺的产品价格要远远高于其他店铺同等产品的价格，并且由于营销手段的不同，消费者对价格高昂的网红产品趋之若鹜，但网红经济带来的市场垄断和暴利现象等扰乱市场秩序的问题不可忽视。随着执法部门监管力度的加强和消费者需求热度的冷却，"网红经济"最终会走向衰退。

三、电商网红经济衰退原因

新鲜的"网红"正在狂欢之际，也会有大批过气的"网红"消逝，在这个过程中，成功的"网红"成为消费社会的意见领袖，与其背后的公司共同收获名利。一些人功成名就,更多的人在黯然离场[3]。究其原因,主要有以下几方面。

(1)兴盛期的同质化。电商"网红"的使命就是吸引用户注意力并将其变现,而整个社会的用户注意力是相对有限的。也就是说蛋糕只有一个,总会有人来分,但人员并不固定,份额越小的反而越不稳定,有新的"网红"升起必将伴随着行业中的其他人的落幕,尤其是小"网红"的行业地位更容易消逝。伴随着"网红"的职业化,许多资本扶持的电商"网红"孵化基地涌现,培养出大量的同质化"网红"。他们在直播中用同样的语气、基本一致的话术,运用相差无几的营销技巧售卖同样的产品,连优惠机制都一模一样,已经基本丧失了电商"网红"吸引用户的一大特色——优于其他渠道的价格与质量保证。如果无论在哪个直播间消费都是同样的,那么用户为何选择在你的直播间驻足?仅仅靠资本推广并非长久之计,这种跑量的直播模式终究会被用户识破,孵化基地乃至整个电商行业会变得毫无特色。优势丧失之后和传统网购毫无区别,可能会迎来整个行业的黯淡。

(2)行业造假现象频发。用户通过手机端等不同设备观看直播,而直播间的环境往往也相对封闭,受众通过屏幕所接收到的信息也极为有限,所以相对来说,主播的话语权增强,许多消费者带着情绪,未经深入了解而购买商品,拿到商品之后极易产生心理落差。许多直播商家用低价礼物或者小额红包换取消费者的好评,或者利用技术漏洞进行刷单,制造假的销量、篡改消费者的差评等,这样的行为极易失去用户的信任。

(3)主播专业性低。电商直播特别考验主播的临场反应能力,不同的直播风格往往带货效果也会大为不同,主播的回应与用户的购买欲望往往呈现很大的相关性。但是许多商家所聘请的主播往往会出现经验不足或者直播风格与产品不匹配的情况,不仅会收效甚微,甚至会发生直播事故。主播对产品信息讲解有误、报错价格、误伤或者抹黑其他产品,会使消费者产生抵触心理,影响品牌信誉。

(4)商品价值决定论的理性回归。商品价值由社会必要劳动时间所决定,创造价值的唯一要素是劳动。而效用价值论是从人对物品效用的主观心理评价角度来解释价值及其形成过程的经济理论[4]。如果劳动价值彻彻底底被效用价值取代,市场竞争机制的公平性必然遭到冲击与破坏,那么机会主义的滋生不可避免。而价值的评判标准一旦从效率回归到公平，"网红经济"必然会受到严重干扰，逐步走向衰退。

四、延长电商"网红"生命周期的对策

"电商网红"是一种全新的爆发式的经济模式，未来可能被更加新颖的模式所取代，电商"网红"只有与时俱进，才能尽量延长自己的生命周期。

（1）"网红"应加强自身管理，改善网红圈的不良风气。粉丝效应产生的基础是从认可"网红"这个人设本身开始，所以"网红"尤其是与粉丝经济利益关系密切的电商"网红"更应当洁身自好，遵纪守法是最基本的底线，在网络平台做事和发表言论也要三思而后行，本着对受众粉丝负责任的态度发表积极乐观的真诚言论，起到意见领袖的正向引导作用。有不少普通人在互联网中一夜爆火，成为"网红"，更应当珍惜机会，好好地经营自己，爱惜自己的羽毛，不能因为门槛低，就踩在粉丝的肩膀上只为自己谋利，这样无法长远发展。因为一些虚假的、夸张的剧本广告，很多网红代言产品并不能赢得消费者的信任。电商"网红"想要延长自己的生命周期，就要经得住利益的诱惑，踏踏实实筛选好产品，只有这样，"网红圈"的风气才会有所改善，生命周期才可以延长。

（2）电商平台应跳出同质化漩涡，加强创新合作。电商"网红"孵化可谓是流量变现最快捷的方式，许多人想趁着互联网红利快速挣钱，但是放眼电商经济发展过程，这种方式无疑是在浪费优质的平台和机遇。同质化的短视频内容、"跟风"直播间、一模一样的机制和话术让粉丝产生审美疲劳，甚至开始怀疑产品的真实性，消费者对于主播的信任度大打折扣。应在线上线下加强与粉丝的互动，留住粉丝的信任才是王道。"网红"应当听取粉丝的意见，根据产品的质量进行推荐，而不是只考虑佣金的多少。直播电商产业的发展依靠数字技术、网络技术，运用互联网、手机媒体创造了多种兼容性的直播平台。鉴于以"量"取胜的直播账号、同质化产品内容反复出现在不同直播间的现象，直播商家应当结合产品特点，构建多样化的直播模式。例如，在主播的宣传文案中加入热点话题，带动产品热度、吸引受众的注意力；同一产品在不同直播间的直播方式在一定程度上有所区别，缓解受众对相同内容的疲乏，提高售卖效率；鼓励原创直播方案的产出，尤其要与商品属性密切结合，加大对创意产

出的投入；运用"H5"等新技术，加强主播与商品结合的社交场景，增加直播的新颖度。运用创新的思维减少同质化，是延长电商生命周期的有效途径。

（3）促进新媒体和流量经济规范化发展。党的十九届四中全会就互联网空间建设提出了相应要求，不仅要持续推进网络综合治理体系建设，同时也要对互联网内容创新予以关注，将互联网企业信息管理主体责任落到实处，切实提升网络治理能力，创建和谐的网络空间。由此可见新媒体平台应在日常的运营过程中积极引导向善的网络风气及发布健康的文化内容，将网络平台的治理日常化。

回声室效应是指媒体营造了一个相对封闭的环境，人们在这个环境中经常接触相对同质化的信息，所以不知不觉限制了自己的眼界和理解，开始故步自封。新媒体平台根据大数据向你推送你所认同的信息，不断产生回声，再继续不断地推送同类内容。电商"网红"经济的优势在很大程度上就是得益于新媒体语境下的回声室效应，但是消费者的同质性与从众性增强的同时，人的自由意志会受到压制，消费者在非理性因素的影响下产生的购买行为必将在一定程度上损害消费者的利益，使消费者对电商出现质疑甚至是反感情绪。市场部门应当加大监管力度，对电商"网红"经济的运营操作流程进行严格规制，保护消费者权益，才能获得消费者支持，延长电商"网红"经济的生命周期。

此外，还要加强对算法等技术的监管。算法推荐是指运用预先编制的软件程序，实现内容到用户精准传播和个性化推荐。算法可谓是将新媒体内容推向热点的"翅膀"，尤其是短视频时代，用户对于短视频质量的审判似乎不再是决定性因素，是否能够"投其所好"变得尤为重要。因此，算法需要更加合理的运用方式，否则将会产生一系列的内容质量差、信息茧房导致信息成瘾等问题，对算法进行科学管理与控制，才能使其充分发挥正面作用，助力延长网红经济的生命周期。

● **参考文献**

[1] 盛思淇,陈清如,丁福兴."网红经济"发展的归因与预测[J].哈尔滨职业技术学院学报,2018(2):126-129.

[2] 邹俊.试论暴利定义与界定标准[J].价格理论与实践,2002(9):34-35.

[3] 赵一荻.杭州电商网红行业实况调查与思考[D].杭州:浙江大学,2019.

[4] 于新.劳动价值论与效用价值论发展历程的比较研究[J].经济纵横,2010(3):31-34.

元宇宙的传播特点
及在教育领域的应用场景研究

林月杰[*]

【摘要】元宇宙是人类科技未来十年的重要发展方向，具有巨大的应用价值。元宇宙传播有社交化传播、虚拟化传播、大众化传播、可视化传播的特点，本文聚焦于元宇宙在教育领域的应用前景研究，对传统教育和元宇宙教育进行了分析与对比，探讨如何使教育元宇宙更好地赋能教育，其应用前景包括全维课堂、智能数字人、数字孪生、AR/XR 技术等。

【关键词】元宇宙；教育；人工智能；数字孪生

自元宇宙概念提出以来，国内外有很多学者都对其进行了研究。研究发现，元宇宙的主要特点是沉浸感、可扩展性、身份认证和去中心化等。通过元宇宙，可以构建一个真正意义上的虚拟世界。进而，人们开始关注元宇宙世界在教育领域的应用。

随着计算机技术的快速发展，互联网已经成为人们日常生活中不可缺少的一部分，元宇宙则是互联网中的一个重要分支。元宇宙是基于区块链技术构建的虚拟空间，能够将现实世界与虚拟世界进行融合，具有虚实融合、去中心化、万物互联、智能合约等特征，可以为人们提供沉浸式体验。元宇宙已经有了初步的发展，如在游戏领域，未来可能会成为现实世界中的一个重要部分。而教育领域一直以来都是一个相对比较传统的行业，教学方式与思维模式也都相对

---

[*] 作者系临沂大学传媒学院 2021 级新闻系学生。

固定。因此,如何将元宇宙融入教育领域中成为一个重要研究方向,元宇宙可以为教育带来更多便利。

元宇宙是由美国作家尼尔·斯蒂芬森于1992年提出的一个虚拟现实概念,该概念最早出现在科幻小说《雪崩》中。元宇宙是一个复杂的系统,涵盖了包括人工智能、数字孪生、区块链、虚拟现实和混合现实在内的一系列技术和概念。与互联网技术不同,元宇宙并不是一个新的技术,它是互联网的升级版。它是互联网在未来的发展方向,但它并不是一个单一的技术或概念,而是一个由多种技术和概念共同构建的复杂系统。"教育元宇宙"是元宇宙系统的一部分,包含了虚拟世界、学习工具、教学内容等各个要素。它在传统教育模式中加入了虚拟现实、人工智能等科技手段,使传统教育模式发生了巨大变革。

一、元宇宙及其传播特点

1992年,尼尔·斯蒂芬森在其名为《雪崩》的科幻类小说中首次提出"Metaverse"(元宇宙)与"Avatar"(化身)这两种概念。书中描写了未来的一个虚拟空间,其中生活着穿戴VR设备的现实人类与本身存在于虚拟空间的虚拟人类。

清华大学新媒体研究中心发布的《2020—2021元宇宙发展研究报告》认为,2020年是人类社会虚拟化的临界点,而2021年已成为"元宇宙元年"。截至2023年3月,维基百科对元宇宙的定义是这样的:元宇宙是一个集体虚拟共享空间,由虚拟增强的物理现实和物理持久性虚拟空间融合而成,包括所有虚拟世界、增强现实和互联网的总和[1]。

元宇宙的传播特点与其他技术和产品的传播特点有很大的不同,元宇宙的传播不仅仅是产品或技术的推广,更是一种新的文化和生活方式的传播。元宇宙的传播特点主要体现在以下几个方面。

(一)社交化传播

元宇宙的用户可以通过虚拟平台进行互动和交流,分享个人体验和感受,从而形成一个具有社交属性的虚拟社区。这种社交化传播方式可以为元宇宙的扩大提供更加精准、有效的推广途径和渠道。元宇宙的内容创作可以通过社交平台来完成,用户通过社交平台和朋友一起分享游戏或内容,社交关系得到进一步的深化和巩固。目前的元宇宙主要基于 Web3.0 的技术框架，其与 Web3.0 技术框架相适应的是高度去中心化的数字身份体系、去中心化的内容生产体系以及去中心化的价值分配体系。在这个背景下，用户之间以数字身份为基础建立社交关系，在线上和线下共同组成了一个社会。当用户在互联网上与他人进行交流时，他们会产生真实的社会关系。用户在虚拟世界中将获得一种特殊的身份认同和归属感，他们会将自己视为这个社会当中真正的一员。

（二）虚拟化传播

元宇宙是一种虚拟化的产物，它的传播主要是通过虚拟网络和虚拟平台实现。传统的产品和技术传播主要是通过实体化的渠道和媒介实现，例如电视、广播、杂志等，而元宇宙的传播则更加依赖于互联网和移动网络等虚拟化媒介的支持。

（三）大众化传播

元宇宙的传播是一种基于大众化、普及化的传播方式。元宇宙的发展是技术、经济与社会的共同发展，是一种新型的大众传播形态。它以大数据、云计算、人工智能等技术为支撑，整合了各类现实场景和虚拟世界，以增强现实、混合现实等形式让用户体验到前所未有的感受，让用户进入元宇宙成为可能。元宇宙也是一种全新的网络生活方式，它将人与人之间的交互从现实生活延伸到虚拟世界中，将虚拟世界和现实世界紧密相连，实现了元宇宙生态体系的构建。这种新型传播形态能够有效提高用户参与度和互动性，让用户通过数字孪生技术沉浸式体验现实中难以体验的场景和活动。另外，元宇宙也将是一种全新的商业模式和消费场景，它改变了传统互联网的商业模式、消费场景和消费关系，提供了新的消费体验。

（四）可视化传播

元宇宙的虚拟环境和场景可以通过多媒体技术、虚拟现实技术等实现直观、逼真的可视化效果，从而吸引用户的注意力和兴趣，更为生动、直观地促进了元宇宙的传播。

二、传统教育的缺点与元宇宙教育的优点

（一）传统教育的缺点

传统教育在培养学生方面存在一些局限性，主要表现在以下几个方面：第一，单向传授。传统教育模式往往更注重教师的知识传授，忽视学生的主动参与，这容易导致学生对学习缺乏积极性和兴趣。第二，理论与实践脱节。在传统教育模式下，知识和技能往往是分开的，将书本知识转化成实际运用能力需要一个漫长的过程，这种脱节现象导致学生在面对实际问题时缺乏解决问题的能力。第三，应试教育。传统教育过于强调分数和排名，导致学生只关注应试技巧，而忽视全面素质的培养。第四，缺乏个性化教育。传统教育模式通常采用"一刀切"的方式，很难满足不同学生的个性化需求，容易导致部分学生跟不上进度或无法发挥自己的特长。第五，师生互动有限。传统教育模式中，师生互动时间有限，教师很难充分了解每个学生的需求和特点，从而无法为学生提供更有针对性的指导和帮助。第六，创新能力培养不足。传统教育过于注重对现有知识的传授，而忽视对学生创新能力和批判性思维的培养。这种现象容易导致学生过于依赖教材和教师，缺乏独立思考和解决问题的能力。

而随着科技的不断发展，人工智能技术将会对教育产生革命性影响，元宇宙或将成为未来教育模式转变的利器，成为人类教育的转机。

（二）元宇宙教育的优势

元宇宙教育作为一种新兴的教育模式，结合了虚拟现实、人工智能等先进技术，具有很多优势，主要表现在以下几个方面：第一，更高的互动性。元宇宙教育可以为学生提供更加真实、沉浸式的学习体验，使学生从被动接受知识变为主动参与学习。这有助于提高学生的学习兴趣和积极性。第二，个性化学习。借助元宇宙教育，教育系统可以根据每个学生的需求、兴趣和能力提供个性化的学习资源和教学方案，这有助于提高学生的学习效果和满意度。第三，灵活性和融合性。元宇宙教育可以打破传统教育的时间和空间限制，让学生随时随地进行学习。同时，元宇宙教育可以将不同学科的教学资源和课程进行整合，为学生提供更加丰富、多样的学习内容。第四，创新能力培养。元宇宙教育鼓励学生在虚拟世界中进行创新和尝试，有助于培养学生的创新思维和解决问题的能力。第五，实践能力提升。元宇宙教育可以为学生提供大量的虚拟实验、

仿真实习等实践场景。这有助于学生将理论知识转化为实际操作能力，提高学生的实践经验和能力。第六，共享性和协作性。元宇宙教育可以让教师、学生、家长和社会各界共同参与教育过程，实现知识的共享和传播。同时，元宇宙教育鼓励学生进行跨学科、跨文化的交流和合作，培养学生的团队协作能力。第七，多元的评价体系。元宇宙教育可以采用多元化的评价体系，包括知识、能力、态度、品格等多维度综合评价学生。这有助于摆脱传统教育中过于依赖分数和排名的评价方式，能够更加全面地评估学生的发展和进步。

（三）元宇宙教育赋能传统教育

教育元宇宙可分为两类：一类是基于教育元宇宙本身进行界定，将其视为元宇宙在教育领域中的应用，本身是一种由新兴信息技术塑造的虚拟融合教育环境[2]，教师、学生和管理人员等教育活动的参与者能通过虚拟化身（Avatar）自主地创建、参与教学活动[3]。另一类是围绕教育元宇宙的概念进行下沉式延伸。元宇宙教育通过将先进的技术手段与传统教育模式相结合，为传统教育带来了新的机遇和可能性，从以下几个方面赋能传统教育。

第一，提高教学质量。借助元宇宙教育中的虚拟现实、人工智能等技术，教师可以为学生提供更加生动、有趣的教学内容，提高学生的学习兴趣和教学效果。第二，实现个性化教育。元宇宙教育可以根据每个学生的需求、兴趣和能力提供个性化的学习资源和教学方案，从而提高教育质量和学生满意度。第三，打破时间和空间限制。通过元宇宙教育平台，学生可以随时随地进行学习，打破了传统教育的时间和空间束缚。第四，促进跨学科融合。元宇宙教育可以将不同学科的教学资源和课程进行整合，为学生提供更加丰富、多样的学习内容，有助于培养学生的综合素质和创新能力。第五，提升实践能力。借助元宇宙教育中的虚拟实验、仿真实习等实践场景，学生可以将理论知识转化为实际操作能力，提高实践经验和能力。第六，培养团队协作和跨文化交流能力。元宇宙教育鼓励学生进行跨学科、跨文化的交流和合作，有助于培养学生的团队协作能力和跨文化交流能力。第七，创新评价体系。元宇宙教育可以采用多元化的评价体系，包括知识、能力、态度、品格等多维度综合评价学生，有助于摆脱传统教育中过于依赖分数和排名的评价方式，更加全面地评估学生的发展和进步。第八，资源共享与合作。元宇宙教育可以让教师、学生、家长和社会各界共同参与教育过程，实现知识的共享和传播，提高教育资源的利用效率。

（四）教育元宇宙的实现途径

要实现教育元宇宙，需要采取一系列措施和途径，主要包括以下几个方面。

第一，技术基础设施建设。搭建一个稳定、高效的技术基础设施平台，包括云计算、大数据、人工智能、虚拟现实等技术的集成，为元宇宙教育提供支持。第二，优质教育资源整合。整合各类优质教育资源，包括课程、教材、教学方法等，形成一个丰富多样的教育资源库，以满足学生和教师的需求。第三，创新教学模式。借助元宇宙教育平台，尝试新的教学模式，如项目式学习、分组协作学习、在线辅导等，提高教学质量和学生的学习体验。第四，个性化学习路径设计。利用大数据和人工智能技术，为每个学生制定个性化的学习路径，包括课程选择、学习进度、评价方式等，以提高学习效果。第五，实践与实验环境营造。构建丰富的虚拟实践和实验场景，让学生在模拟环境中进行实践操作，提高实践能力和创新思维。第六，多元化评价体系建立。建立以能力、素质、态度等多维度为基础的评价体系，摆脱传统的单一分数评价方式，更全面地评估学生的发展。第七，跨学科和跨文化交流推广。鼓励学生在元宇宙教育平台上进行跨学科、跨文化的交流和合作，培养团队协作能力和全球视野。第八，政策支持与合作。争取政府、教育部门、企业等多方的支持和合作，为教育元宇宙的建设和发展创造良好的外部环境。第九，社区建设与参与。建立教育元宇宙社区，鼓励教师、学生、家长和社会各界积极参与，共同推动教育元宇宙的发展。

三、元宇宙教育的应用场景

教育元宇宙要彰显现代技术对教育系统的实用价值和创新价值，要能够对传统教育的固有问题给予一种新的解决方式，又可以化不能为可能，为教育活动开启新的一扇窗[4]。

（一）智能数字人

①智能数字人在基础教育元宇宙中的应用。

在基础教育元宇宙中，智能数字人可以被用来创造虚拟角色，这些虚拟角色可以扮演教师、辅导员、学生等不同的角色，为学生提供个性化、多样化的教学服务。基础教育元宇宙中智能数字人的应用前景优势具有以下几个方面：

第一，个性化定制。智能数字人可以根据不同的教学需求和学生特点，进行个性化的定制和创作，创造出符合不同需求的虚拟人物形象，提供更加贴近学生的教育服务。第二，多样化的教学形式。智能数字人可以应用于多样化的教学形式，如虚拟教师、虚拟实验室、虚拟课堂等，在学生的学习过程中提供更加多样化、富有趣味性的教学体验。第三，交互性强。智能数字人具有较高的交互性，学生可以通过与虚拟人物进行交互沟通，获得更加真实、生动的学习体验，提高学生的学习兴趣，提升学习效果。第四，实时更新和优化。智能数字人可以通过算法实现自动更新和优化，根据不同的教学需求和学生反馈，对虚拟人物形象进行调整和改进，让其提供更加符合教学需求的服务。

②智能数字人在职业教育元宇宙中的应用。

在职业教育元宇宙中，智能数字人可以使用人工智能、自然语言处理、计算机视觉等技术，模拟人类的思维过程，实现与学生的沟通。通过对学生的需求和特点进行分析和评估，智能数字人有助于学生更好地了解自己的优势和劣势，为自己的职业发展做出更好的决策。根据学生的职业目标和技能需求，提供精准的职业建议和培训推荐，帮助学生更好地了解职业市场和职业技能要求。智能数字人可以根据学生的职业需求和市场需求，为学生提供精准的职业规划和指导，有助于学生更好地了解职业市场和职业技能要求，提高职业发展的成功率。

③智能数字人在高等教育元宇宙中的应用。

智能数字人是一种基于人工智能技术的虚拟教学助手，可以为学生提供个性化的教学内容和服务。智能数字人可以根据学生的学习历史和兴趣爱好，推荐适合的学习资源和学习路径，为学生提供更加精准和个性化的学习服务。同时，智能数字人也可以提高教师的教学效率和满意度，通过自动化的学习评估和反馈，减轻教师的工作负担。智能数字人在高等教育元宇宙中的应用包括以下几个方面：第一，软件机器人。软件机器人可以根据学生的学习历史和兴趣爱好，提供个性化的学习建议和反馈。软件机器人可以通过自然语言处理技术和人工智能算法，理解学生的问题和需求，并为学生提供有效的解决方案。第二，人形机器人。人形机器人可以模拟真实的人类交流过程，与学生进行沟通和交流。人形机器人可以通过自然语言处理技术和面部表情识别技术，理解学生的情感和需求，并提供相应的解决方案和支持。第三，虚拟助手。虚拟助手可以通过虚拟现实技术，为学生提供逼真的学习环境和体验。虚拟助手可以通过语音识别技术和手势识别技术,理解学生的指令和操作,并提供相应的支持和反馈。

(二)元宇宙与全维课堂建设

全维课堂是可视化三维学习空间概念的细化和具象表达,实现了映射空间的全维化、

全维空间的数据化,数据空间的智能化[5]。在全维课堂中,学生可以通过全维投影技术看到虚拟的教学场景和教学内容,可以通过手势或语音控制系统进行互动和学习。

在基础教育元宇宙中,全维课堂具备以下应用前景:一是丰富的教学内容。全维课堂可以创造出虚拟的教学环境和场景,使学生可以身临其境地进行学习,提供更加丰富、生动的教学内容,有助于提高学生的学习效果。二是个性化的学习体验。全维课堂可以根据不同学生的特点和教学需求,定制个性化的教学内容和服务,提供更加符合学生需求的学习体验,有助于提高学生的学习兴趣和积极性。三是高度的互动性。全维课堂可以通过手势或语音控制系统,提高学生的参与度和互动性,有助于提高学生的学习效果。四是跨越时空限制。全维课堂可以通过虚拟现实技术,创造出跨越时空的教学环境,使得学生可以在任何时间、任何地点进行学习,提供更加便捷、自由的学习体验。

在职业教育元宇宙中,全维课堂是一种基于虚拟现实技术的教学模式,可以提供全方位的沉浸式学习体验。通过虚拟现实技术,全维课堂可以将职业教育的教学内容呈现出来,让学生可以身临其境地进行学习和实践,获得真实、生动的学习体验,有助于提高学生的学习兴趣和学习效果。在全维课堂中,学生可以通过多种学习方式进行学习,包括观看、体验、实践等方式,同时可以获得丰富的教学资源,有助于提高学生的学习质量和效果。全维课堂可以模拟实际的职业场景和工作流程,让学生更加深入地了解职业要求和技能需求,提高学生的实践能力和适应能力。全维课堂可以实现在线学习和远程教学,让学生可以随时随地进行学习,提高学习的便捷性和灵活性。

高等教育元宇宙中,全维课堂通过虚拟现实技术,可以将教学内容以逼真、生动的方式呈现在学生面前,提供更加深入的学习体验和更高的学习效果。具体来说,全维课堂在高等教育元宇宙中的应用包括以下几个方面:一是逼真的虚拟场景。全维课堂可以通过虚拟现实技术,模拟真实的教学场景和环境。学生可以在虚拟环境中进行学习和实践,提高学习效果和职业素养。二是互动式

学习。全维课堂可以提供互动式学习体验，学生可以与虚拟教师和其他学生进行互动和交流。学生可以在虚拟环境中模拟真实的学习场景，提高学习效果和参与度。三是个性化学习。全维课堂可以根据学生的兴趣和学习历史，提供个性化的学习内容和建议。学生可以根据自己的需求和兴趣，自主选择学习内容和学习路径，提高学习效果和自主性。四是实时反馈。全维课堂可以通过虚拟现实技术，提供实时的学习反馈。学生可以通过虚拟环境中的交互与评估机制，了解自己的学习情况和进度，及时调整学习策略和提高学习效果。五是教学资源共享。全维课堂可以提供教学资源共享的功能，学生可以在虚拟环境中分享学习笔记和资源，增强学习效果和学习体验。

（三）元宇宙与数字孪生应用

数字孪生（Digital Twin）是充分利用物理模型、传感器更新、运行历史等数据，集成多学科、多物理量、多尺度、多概率的仿真过程，在虚拟空间中完成映射，从而反映相对应的实体装备的全生命周期过程。简言之，"数字孪生"是基于大数据、云计算、人工智能等技术构建的对物理世界进行模拟仿真并进行决策分析的一种新的概念和技术，其本质是对物理世界和虚拟世界之间进行映射，并基于模型进行交互和反馈。数字孪生是物联网的核心概念之一，是建立在物联网、大数据、云计算等新一代信息技术基础上的，以现实世界中的物理实体为载体，以数字模型为基础，并利用传感器等工具对实体进行实时数字化描述与交互的虚拟模型。数字孪生是将现实世界中物理实体进行数字化后，通过网络技术对其进行再现和描述的一种手段。数字孪生一般包括物理空间与虚拟空间两个部分，其中虚拟空间包括现实世界中的物理实体及以此为基础所生成的数字模型（或称孪生体）；而物理空间则是以数字化形式展现在虚拟世界中的现实空间，数字孪生可以通过传感器、物联网等技术手段实时获取物理实体的状态信息。

科学技术的融合将进一步推动教育事业的发展，由数字孪生技术创建物理对象的虚拟孪生体，通过建模、通信、计算、数据处理技术实现虚拟空间和物理空间的协同进化[6]。在数字孪生赋能教育元宇宙的时代，教育领域中的教育对象、教育管理以及教育评价等方面都将发生巨大改变，同时也对教育工作提出了更高的要求。首先，在教学方面，将使用虚拟现实技术来模拟各种物理世界中的实验。这样做有利于学习者在实验之前对所学内容有一个更直观的认识，也有利于学生在实验过程中有更多的体验，从而提高他们的学习效率；其次，在教学内容方面，教师可以利用数字孪生技术来构建虚拟场景，这将有效地增强教师对课堂内容的理解，进而提高其教学质量；再次，在教育管理方面，可以利用数字孪生技术来构建学校网络、教学资源等数据库以及相关课程资源库。这样做将有助于学校更加有效地管理和监督校园各项工作的开展。

（四）元宇宙与 AR/XR 技术应用

AR 技术（Augmented Reality，简称 AR），又叫增强现实技术，是指通过计算机图形学来实现的虚拟和增强现实的总称。AR 教育元宇宙是一种新型的教学模式，它打破了传统教学中以教师为中心的教学模式，能够充分激发学生学习的兴趣，让学生主动参与学习过程，学生在学习过程中能够有更多自主选择权、更高参与度，并获得更好的学习效果。AR 技术与教育相结合是当前国际流行的教育手段之一，它能将传统教学内容以更生动、直观的形式展现出来，有效提升学生的学习效率。AR 技术的应用是一种多终端交互的技术，它是从人与人、人与物的交互发展到人与环境的交互。在这样一个全新的交互体验中，学习者不仅可以看到或听到知识，还可以看到相关知识点和问题的视频讲解以及相关知识背景图片和视频，从而让学生主动思考知识、主动学习。AR 教育能充分利用人机交互和虚实融合等新技术手段，提高学生的学习兴趣及学习效果，让学生充分参与教学过程，并且掌握相关知识。XR，扩展现实（Extended Reality），是一种结合了计算、网络和显示技术的新技术。XR 将虚拟和现实结合在一起，使人们可以通过手势、声音、面部表情等感知和互动。它是一种沉浸式的交互方式，让用户可以通过增强现实技术（AR）、虚拟现实技术（VR，Virtual Reality）或混合现实技术（MR，Mixed Reality）来体验交互式、沉浸式的环境。

而具身认知理论（Embodied Cognition）则被认为是 VR、AR、MR 等虚拟现实学习的基础理论。该理论强调人的学习活动不是独立存在的，而是依托于具体的环境。具身认知理论对元宇宙的"具身学习"解释依然适用，并且元宇宙的技术特性可以让学生获得更强的学习体验，进而能够实现认知的进阶式发展。[7] 随着科技的不断发展，教育作为人类学习知识、训练技能的手段也在不断发生改变，传统的教学方法和学习形式已经不能满足当下人们对于知识学习和技能提升的需求。AR/VR/MR 技术在教育元宇宙领域的应用，让学习者在虚拟世界中进行探索,体验到真实世界所无法体验到的新奇知识,让学习者更加快速有效地提升自己的能力。XR 教育相较于传统教学方法,具有沉浸感强、交互性好等特点,在一定程度上可以解决传统教学过程中存在的问题。应用于教育领域,将会改变教育的方方面面,比如教师教育、终身教育和虚拟学习等。例如,在虚拟学习中,学生可以使用高质量的内容(如沉浸式视频、交互式动画、真实的身体运动和感觉),为自己创建个性化的环境。

(五)元宇宙强化了教育游戏化

教育元宇宙突破当下的应试教育体系,使"寓教于乐"成为可能。教育游戏化的应用场景有以下几个方面。一是游戏化学习平台。通过搭建游戏化学习平台,学生可以通过各种游戏元素和机制来学习知识和技能。例如,学生可以通过游戏化的练习、任务、竞赛等方式来学习知识和技能,提高学习效果和体验。二是游戏化评估系统。通过搭建游戏化评估系统,学生可以通过各种游戏元素和机制来评估和提高自己的学习效果和能力。例如,学生可以通过游戏化的排行榜、成就、奖励等方式来评估和提高自己的学习效果和能力,增强学习动力和参与度。三是虚拟游戏实验室。通过搭建虚拟游戏实验室,学生可以在虚拟环境中进行实验和模拟,提高学习效果和体验。例如,学生可以通过虚拟游戏实验室来学习和探索复杂的实验和模拟场景,提高学习效果和体验。四是游戏化社交互动。通过搭建游戏化社交互动平台,学生可以通过各种游戏元素和机制来进行互动和交流,增强学习效果和体验。例如,学生可以通过游戏化的社交互动、竞技、合作等方式来增强学习效果和体验,促进学生之间的交流和合作。五是跨学科游戏化教学。通过跨学科游戏化教学,学生可以在游戏化的环境中学习和探索不同学科之间的关系和联系。例如,学生可以通过游戏化的跨学科教学来学习和探索不同学科之间的知识和技能,提高学习效果和体验。

教学的灵活化、在线化和终身化是未来教育的新常态。而教育游戏化也可以成为教育元宇宙中的一种重要应用,其具备以下几种优势。一是可以为学生提供更加灵活、有趣互动的学习方式,有助于提高学生的学习兴趣和学习效果。二是可以激发学生的学习动力和参与度,提高学生的学习效果和体验,促进教育的发展和进步。同时,教育游戏化还可以培养学生的创新、合作、竞争和领导能力,提高学生的综合素质和竞争力。三是可以通过游戏的模拟和仿真,提供实践性和体验性的学习环境,让学生在游戏中实现学习目标,提高学习效果和职业素养。四是可以提供多样化的游戏体验和教学资源，包括虚拟实验、虚拟演练、虚拟交互等方式，有助于提高学生的学习质量和效果。五是可以通过游戏的互动和合作，促进学生之间的互动和合作学习，提高学生的社交能力和团队合作能力。

● **参考文献**

[1] 秦渝超. 教育元宇宙：特征、机理及应用场景[J]. 开放教育研究，2022（1）：24-33.

[2] 钟正，王俊，吴砥，等. 教育元宇宙的应用潜力与典型场景探析[J]. 开放教育研究，2022（1）：17-23.

[3] 于勇，范胜廷，彭关伟，等. 数字孪生模型在产品构型管理中应用探讨[J]. 航空制造技术，2017（7）：41-45.

[4] 朱珂，张莹，李瑞丽. 全息课堂：基于数字孪生的可视化三维学习空间新探[J]. 远程教育杂志，2020（4）：38-47.

[5] 华子荀，黄慕雄，吴鹏泽. 数字化转型背景下教育元宇宙数字技术进阶模型研究[J]. 现代教育技术，2023（1）：29-39.

[6] 刘革平，王星，高楠，等. 从虚拟现实到元宇宙：在线教育的新方向[J]. 现代远程教育研究，2021（6）：12-22.

[7] 张黎，周霖. 机理、隐忧与出路：元宇宙赋能在线教育具身化转型的现象学反思[J]. 理论月刊，2023（2）：152-160.

向更深更广的智能新媒体教学世界前行
（代后记）

杨中举

科学技术不断发展，教育的技术手段也越来越多，为教育教学活动提供了更多可资借助的方法与渠道，师生的在场与模拟在场、即时交互与延时交流等都非常方便，师生跨界跨国跨校跨专业学习活动已经成为常态。基于此，传统课堂教学活动边界被打破，不再限于讲受双方的45分钟在场，这就要求我们根据学生层次、专业、课程、教材、章节内容、学校教学硬软件配置，因"材"而教而学。临沂大学传媒学院新闻学、广告学、数字媒体艺术、广播电视编导、播音与主持艺术五个本科专业，恰恰是与现代媒介变迁密切相关的，这自然要求专业师生走在前、用在前，充分利用新媒体技术条件，改变教与学的方法。

"四全媒体环境下地方本科高校传媒类专业课'全维课堂'建设研究（项目编号：M2020023）"获得山东省高等院校本科教学改革立项之前五年，传媒学院相关老师就已经开始了各种探索，十几位老师打造的《地方高校传媒类专业"全息课堂"教学实践与教研成果的互驱模式》获得学校教学一等奖，这些改革中已经孕育着"全维课堂"模式。前期围绕相关改革主要解决了下面的问题：①学用脱节、人才培养目标难以实现。近年来，地方传媒业界急需应用型、高素质一职多能的复合型人才，在制订人才培养目标时各地方高校都认识到了这个问题，也写入了文件。但是培养出的学生到了工作岗位往往不能满足需要，不能够学以致用，课程学完了，还是不会用。本成果旨在解决学与用分离、理论与实践脱节的问题，真正实现人才培养目标。②教师教学与科研脱节严重，学术和教学研究成果应用转化率极低。很多地方高校传媒学院教师不能把教学

向更深更广的智能新媒体教学世界前行
——代后记

与科研有机结合,学术研究成果大都与课程无关,或关联性不强,许多成果除了评职称用,对教学、育人没有作用,对社会更没有用。③教师教学方法单一、学生课堂参与意识不强,这是许多高校课堂的通病。尽管提倡翻转课堂、实践课堂多年了,但是一到理论课,又都回到满堂灌,或者方法不成体系,策略缺少。④地方高校传媒专业选用的教材难度偏高、偏重理论,缺少案例和地方传播实务实践。目前地方高校的传媒专业大都采用了层次较高大学的教材,使用起来有难度,为此我们打破教材、教案束缚,全方位吸收有用有效的课程知识,师生共同提供、筛选好的传媒案例,及时引入课堂教学,增强课堂教学活力。继而在教与学中由师生共同讨论,完成有针对性、实用性、符合地方院校传媒各专业人才培养需要的教材或研究成果,增加师生的互动参与度,提升教与学的兴趣,提高教学效果。

其中最主要的举措之一就是建立一个互动强,网络化与纸质相结合的数字新形态教材——运用云平台和二维码识别等技术手段,融合 MOOC 在线资源,建设多媒介、多形式、多层次的数字教材,实现了沉浸式学习和泛在学习。该成果已出版系列教材 6 部,发行 43000 余册,为全国 20 多个省市 80 多所高校选用,被中国工信出版传媒集团授予"部级优秀出版物";配套研发的数字化资源库辐射全国。

"全维课堂"既是教学模式,又是思维方式,它在各课程教学中的推进,也在不断提升教学质量,相关改革也取得了较好的效果。"基于教学交互层次塔的四式四化课堂教学模式改革与实践"和"平台集成三化并举:地方高校传媒类专业大课程思政的理念建构与实践创新"也先后获得山东省教学改革立项支持。这进一步表明经典课堂与新思维现代课堂的有机融合已经成为常态化教学改革要求。

2023 年以来,人工智能技术的生活化应用越来越突出,以 META-VERSE 和 ChatGPT（Chat Generative Pre-trained Transformer）为代表的应用热爆全球。这些应用在教育领域将会带来更深刻的变革,人工智能教学助手不再是单纯的电脑及多媒体,有可能变成有思维、有情感的课堂智能机器人助教,它们在多大程度上接近我们人类的思维、情感上怎么控制都将来带来全新的挑战。作为站在新媒体应用前沿的传媒专业,更有责任及时引入现代新兴媒介技术与应用平台,做先期尝试,不怕失败,向着更深更广的智能新媒体教学世界前行。未来可期，未来又充满无限可能性超出我们的预期，我们唯有敞开思想胸怀，吸纳人类一切文明成果，为教育工作而努力奋斗。

　　本文集收录的只是学生课程作业呈现的文字，无法体现课堂全维度活动的动态全面貌。而考虑到学生以自己的兴趣选择问题，以全维学习思维模式一步步提高自己，最后形成的文字尽管有所欠缺，也是值得肯定的。这些短文由学生参与独立完成，由学生批改、讨论、筛选、编辑、定稿，算是"全维课堂"的延伸，也算是对课程的一个总结。最主要的是编者想通过这本集子，给同学们留下一个青春的记号，鼓励他们在未来的学业、就业、职业等重要人生过程中健康成长。

2023 年 2 月 1 日
于临沂大学教授花园